La cucina Enchilada

Scopri le migliori ricette Enchilada per una cucina messicana autentica, speziata e appetitosa.

Mirko Cattaneo

Materiale protetto da copyright ©2023

Tutti i diritti riservati

Senza l'appropriato consenso scritto dell'editore e del proprietario del copyright, questo libro non può essere utilizzato o distribuito in alcun modo, forma o forma, ad eccezione di brevi citazioni utilizzate in una recensione. Questo libro non deve essere considerato un sostituto della consulenza medica, legale o di altro tipo.

SOMMARIO

SOMMARIO 3
INTRODUZIONE 6
ENCHILADAS AL FORMAGGIO 7
1. Enchiladas di formaggio di base 8
2. Enchiladas al formaggio cremoso 10
3. Enchiladas di spinaci e formaggio 12
4. Enchiladas ai tre formaggi 14
5 Enchiladas di fagioli neri e formaggio 16
6. Enchiladas di verdure e formaggio arrosto 18
7 Enchiladas di formaggio bianco 20
8. Enchiladas di manzo e formaggio 22
9. Enchiladas di spinaci e formaggio 24
10. Enchiladas di gamberi e formaggio 26
11. Enchiladas di pollo e formaggio con salsa verde 28
12. Enchiladas vegetariane di fagioli neri e formaggio 30

ENCHILADAS MANZO 32
13. Enchiladas base di manzo 33
14. Enchiladas di manzo e fagioli 35
15. Enchiladas di manzo piccante 37
16. Enchiladas di manzo con salsa fatta in casa 39
17. Enchiladas di manzo con salsa verde 41
18. Enchiladas di manzo a cottura lenta 43
19. Enchiladas di manzo con salsa cremosa 45
20. Enchiladas di manzo con salsa di talpa 47
21. Enchiladas di manzo con salsa al chipotle 49
22. Enchiladas di manzo con salsa Tomatillo 51
23. Enchiladas di manzo con salsa Ranchero 53
24. Enchiladas di manzo con salsa di peperoncino verde 55
25. Enchiladas di manzo con salsa verde 57
26. Enchiladas di manzo con Pico de Gallo 59
27. Enchiladas di manzo con salsa di talpa 61
28. Enchiladas di manzo con salsa al chipotle 63

ENCHILADAS DI POLLO 65
29. Enchiladas di pollo di base 66
30. Enchiladas di pollo e spinaci 68
31. Enchiladas di pollo al Cile verde 70

32. Enchiladas di pollo cremoso ... 72
33. Enchiladas di pollo rosso cileno ... 74
34. Enchiladas di pollo piccanti ... 76
35. Enchiladas di pollo al formaggio ... 78
36. Enchiladas cremose di pollo con salsa Poblano ... 80
37. Enchiladas di pollo con salsa verde ... 83
38. Enchiladas di pollo cremoso con salsa di tomatillo ... 85

PESCE E FRUTTI DI MARE ... 88
39. Enchiladas di gamberetti ... 89
40. Enchiladas di granchio ... 91
41. Enchiladas di pesce ... 93
42. Enchiladas di salmone ... 95
43. Enchiladas di pesce alla griglia ... 97
44. Enchiladas di tonno ... 99
45. Enchilada Mahi-Mahi ... 101

ENCHILADA DI VERDURE ... 104
46. Enchilada vegetariane ... 105
47. Enchiladas di spinaci e funghi ... 107
48. Enchiladas di patate dolci e fagioli neri ... 109
49. Enchiladas di verdure arrostite ... 111
50. Enchiladas di cavolfiore ... 113
51. Enchiladas di fagioli neri e mais ... 115
52. Enchiladas di zucca e spinaci ... 117
53. Enchiladas di zucchine e mais ... 119
54. Enchiladas ai funghi Portobello ... 121

ENCHILADA VEGANE ... 123
55. Enchiladas vegane di fagioli neri e mais ... 124
56. Enchiladas di ceci vegani ... 126
57. Enchiladas di patate dolci vegane ... 128
58. Enchiladas vegani di spinaci e tofu ... 130
59. Enchiladas vegane di jackfruit ... 132
60. Enchiladas di lenticchie vegane ... 134
61. Enchiladas di tempeh vegano ... 136
62. Enchiladas di patate dolci vegane ... 138
63. Enchiladas di quinoa vegane ... 140

ENCHILADA DI FRUTTA ... 142
64. Enchiladas di formaggio cremoso alla fragola ... 143
65. Enchiladas all'ananas ... 145

66. Enchiladas di mele 147
67. Enchiladas ai frutti di bosco misti 149
68. Enchiladas alla pesca 151

LEGUMI E CEREALI 153
69. Casseruola Enchilada di quinoa 154
70. Enchiladas di patate dolci e fagioli neri 156
71. Enchiladas di fagioli neri 158
72. Enchiladas di fagioli misti 160

SALSE 162
73. Salsa Enchilada rossa facile 163
74. Salsa Enchilada Rossa 165
75. Salsa Enchilada Verde 167
76. Salsa Enchilada Ancho Chili 169
77. Salsa Enchilada Di Pomodoro Arrosto 171
78. Salsa Enchilada Chipotle 173
79. Salsa cremosa Enchilada 175
80. Salsa Enchilada affumicata 177
81. Salsa Enchilada Mole 179
82. Salsa Ranchero Enchilada 181
83. Salsa Enchilada Bianca 183
84. WhiskySalsa Chipotle Enchilada 185
85. Salsa di formaggio di anacardi vegana 187
86. Salsa Di Pomodoro Fresco 1
87. Salsa piccante di mango e peperoncino 2
88. Salsa Chipotle-Pomodoro 1
89. Salsa di ananas e papaya 2
90. Salsa di pomodoro 2
91. Salsa Verde 1
92. Salsa Rossa Arrostita 1
93. Salsa Enchilada Tomatillo 3
94. Salsa Pasilla Enchilada 5
95. Salsa Enchilada ai tre peperoni 7
96. Salsa Ancho Enchilada 9
97. Salsa Guajillo Enchilada 11
98. Salsa Enchilada Mole 13
99. Salsa Verde Enchilada 15
100. Salsa Enchilada Cile verde 17

CONCLUSIONE 19

INTRODUZIONE

Benvenuti a La cucina Enchilada, dove celebriamo i sapori vibranti e diversi del Messico attraverso il delizioso e confortante piatto di enchiladas. In questo libro di cucina troverai 100 deliziose ricette che mettono in risalto le ricche tradizioni culinarie del Messico e offrono una varietà di sapori e consistenze per soddisfare qualsiasi palato.

Dalle classiche enchiladas ai colpi di scena creativi sul piatto amato, questo libro di cucina ha qualcosa per tutti. Che tu preferisca piccante o delicato, carnoso o vegetariano, formaggio o leggero, troverai una ricetta che delizierà le tue papille gustative e stupirà la tua famiglia e i tuoi amici.

- Cucina messicana
- Sapori speziati
- Ripieni salati
- Ricette tradizionali
- Salse fatte in casa
- Istruzioni facili da seguire
- Cibo di conforto
- Pasti per famiglie
- Opzioni vegetariane
- Audace e delizioso

Ogni ricetta di questo libro di cucina è stata realizzata con cura per garantire il massimo del gusto e della genuinità. Abbiamo incluso istruzioni dettagliate e suggerimenti utili per guidarti attraverso il processo di preparazione delle enchiladas da zero, quindi anche se sei un principiante in cucina, sarai in grado di creare piatti di qualità da ristorante in pochissimo tempo.

Allora perché non portare un po' di Messico nella tua cucina e ravvivare la tua prossima festa con delle deliziose enchiladas?

ENCHILADAS AL FORMAGGIO

1. <u>**Enchiladas di formaggio di base**</u>

12 tortillas di mais
3 tazze di formaggio cheddar grattugiato
1 barattolo di salsa enchilada
1 cipolla a dadini
2 spicchi d'aglio
Sale e pepe a piacere
Preriscalda il forno a 375 ° F. In una casseruola, scaldare la salsa enchilada, la cipolla e l'aglio a fuoco medio. Immergi le tortillas nella salsa e mettile in una teglia da 9x13 pollici. Riempi ogni tortilla con formaggio grattugiato e arrotolala. Versare la salsa rimanente sulle enchiladas e cospargere con altro formaggio. Cuocere per 25-30 minuti.

2. **Enchiladas al formaggio cremoso**

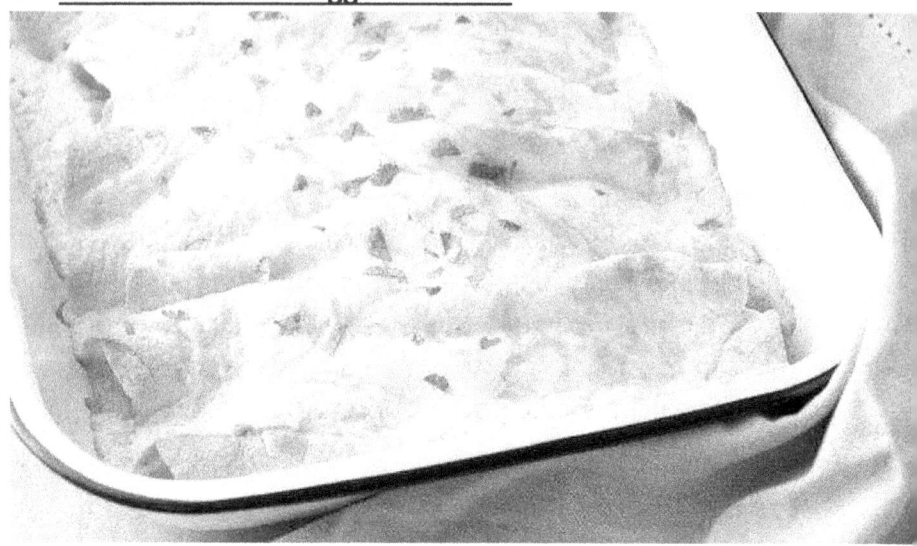

12 tortillas di mais
2 tazze di formaggio Monterey Jack grattugiato
2 cucchiai di burro
2 cucchiai di farina
2 tazze di brodo di pollo o vegetale
1 tazza di panna acida
Sale e pepe a piacere

Preriscalda il forno a 375 ° F. In una padella capiente, sciogli il burro a fuoco medio. Sbattere la farina e cuocere per 1 minuto. Sbattere gradualmente nel brodo, mescolando continuamente. Portare a ebollizione e cuocere per 2-3 minuti fino a quando la salsa si addensa. Togliere dal fuoco e aggiungere la panna acida. Riscaldare le tortillas nel microonde per 30 secondi. Farcite ogni tortilla con una manciata di formaggio. Arrotolare bene e posizionare la cucitura rivolta verso il basso in una teglia unta. Versare la salsa cremosa sopra le enchiladas. Cospargere con altro formaggio. Coprire con un foglio e cuocere per 20 minuti. Rimuovere la pellicola e cuocere per altri 10-15 minuti fino a quando il formaggio si scioglie e diventa frizzante.

3. <u>**Enchiladas di spinaci e formaggio**</u>

12 tortillas di mais
2 tazze di formaggio Monterey Jack grattugiato
1/4 di tazza di cipolla tritata
2 spicchi d'aglio, tritati
2 cucchiai di olio vegetale
1 confezione (10 once) di spinaci surgelati, scongelati e scolati
1 lattina (10 once) di salsa enchilada verde
Sale e pepe a piacere

Preriscalda il forno a 375 ° F. In una padella capiente, scaldare l'olio a fuoco medio. Aggiungere la cipolla e l'aglio e cuocere fino a quando la cipolla è morbida, circa 5 minuti. Aggiungere gli spinaci e cuocere per 1 minuto. Togliere dal fuoco. Riscaldare le tortillas nel microonde per 30 secondi. Farcire ogni tortilla con una manciata di formaggio e un cucchiaio di composto di spinaci. Arrotolare bene e posizionare la cucitura rivolta verso il basso in una teglia unta. Versare la salsa enchilada verde sopra le enchiladas. Cospargere con il formaggio rimanente. Coprire con un foglio e cuocere per 20 minuti. Rimuovere la pellicola e cuocere per altri 10-15 minuti fino a quando il formaggio si scioglie e diventa frizzante.

4. Enchiladas ai tre formaggi

12 tortillas di mais
1 tazza di formaggio cheddar grattugiato
1 tazza di formaggio Monterey Jack grattugiato
1 tazza di mozzarella grattugiata
1/4 di tazza di cipolla tritata
2 spicchi d'aglio, tritati
2 cucchiai di olio vegetale
1 lattina (10 once) di salsa enchilada rossa
Sale e pepe a piacere
Preriscalda il forno a 375 ° F. In una padella capiente, scaldare l'olio a fuoco medio. Aggiungere la cipolla e l'aglio e cuocere fino a quando la cipolla è morbida, circa 5 minuti. Aggiungi metà della salsa enchilada e mescola per unire. Togliere dal fuoco. Riscaldare le tortillas nel microonde per 30 secondi. Mescolare i tre tipi di formaggio in una ciotola. Farcire ogni tortilla con una manciata di formaggio e un cucchiaio di composto di cipolle. Arrotolare bene e posizionare la cucitura rivolta verso il basso in una teglia unta. Versare la salsa enchilada rimanente sopra le enchiladas. Cospargere con il formaggio rimanente. Coprire con un foglio e cuocere per 20 minuti. Rimuovere la pellicola e cuocere per altri 10-15 minuti fino a quando il formaggio si scioglie e diventa frizzante.

5. Enchiladas di fagioli neri e formaggio

12 tortillas di mais
2 tazze di formaggio cheddar grattugiato
1 lattina (15 once) di fagioli neri, sciacquati e scolati
1/4 di tazza di cipolla tritata
2 spicchi d'aglio, tritati
2 cucchiai di olio vegetale
1 lattina (10 once) di salsa enchilada rossa
Sale e pepe a piacere
Preriscalda il forno a 375 ° F. In una padella capiente, scaldare l'olio a fuoco medio. Aggiungere la cipolla e l'aglio e cuocere fino a quando la cipolla è morbida, circa 5 minuti. Aggiungere i fagioli neri e cuocere per 1 minuto. Togliere dal fuoco. Riscaldare le tortillas nel microonde per 30 secondi. Farcire ogni tortilla con una manciata di formaggio e un cucchiaio di composto di fagioli neri. Arrotolare bene e posizionare la cucitura rivolta verso il basso in una teglia unta. Versare la salsa enchilada rossa sopra le enchiladas. Cospargere con il formaggio rimanente. Coprire con un foglio e cuocere per 20 minuti. Rimuovere la pellicola e cuocere per altri 10-15 minuti fino a quando il formaggio si scioglie e diventa frizzante.

6. Enchiladas di verdure e formaggio arrosto

- 12 tortillas di mais
- 2 tazze di formaggio Monterey Jack grattugiato
- 1 peperone rosso, a dadini
- 1 peperone verde, a dadini
- 1 zucchina, a dadini
- 1 zucca gialla, a dadini
- 1/4 di tazza di cipolla tritata
- 2 spicchi d'aglio, tritati
- 2 cucchiai di olio vegetale
- 1 lattina (10 once) di salsa enchilada verde
- Sale e pepe a piacere

Preriscalda il forno a 375 ° F. Mescolare le verdure a cubetti nell'olio e arrostire su una teglia a 400 ° F per 15-20 minuti finché sono teneri. In una padella capiente, scaldare l'olio a fuoco medio. Aggiungere la cipolla e l'aglio e cuocere fino a quando la cipolla è morbida, circa 5 minuti. Aggiungere le verdure arrostite e mescolare per unire. Togliere dal fuoco. Riscaldare le tortillas nel microonde per 30 secondi. Farcire ogni tortilla con una manciata di formaggio e un cucchiaio di composto di verdure. Arrotolare bene e posizionare la cucitura rivolta verso il basso in una teglia unta. Versare la salsa enchilada verde sopra le enchiladas. Cospargere con il formaggio rimanente. Coprire con un foglio e cuocere per 20 minuti. Rimuovere la pellicola e cuocere per altri 10-15 minuti fino a quando il formaggio si scioglie e diventa frizzante.

7. Enchiladas al formaggio bianco

12 tortillas di farina
2 tazze di formaggio Monterey Jack grattugiato
2 cucchiai di burro
2 cucchiai di farina
2 tazze di brodo di pollo o vegetale
1 tazza di panna acida
1 lattina (4 once) di peperoncini verdi tritati
Sale e pepe a piacere

Preriscalda il forno a 375 ° F. In una padella capiente, sciogli il burro a fuoco medio. Sbattere la farina e cuocere per 1 minuto fino a quando bolle. Sbattere gradualmente nel brodo di pollo o vegetale e portare a ebollizione. Ridurre il fuoco e cuocere a fuoco lento per 2-3 minuti fino a quando non si addensa. Togliere dal fuoco e aggiungere panna acida e peperoncini verdi. Riscaldare le tortillas nel microonde per 30 secondi. Farcite ogni tortilla con una manciata di formaggio. Arrotolare bene e posizionare la cucitura rivolta verso il basso in una teglia unta. Versare la besciamella sopra le enchiladas. Cospargere con il formaggio rimanente. Coprire con un foglio e cuocere per 20 minuti. Rimuovere la pellicola e cuocere per altri 10-15 minuti fino a quando il formaggio si scioglie e diventa frizzante.

8. Enchiladas di manzo e formaggio

- 12 tortillas di mais
- 2 tazze di formaggio cheddar grattugiato
- 1 libbra di carne macinata
- 1/2 tazza di cipolla tritata
- 2 spicchi d'aglio, tritati
- 1 lattina (10 once) di salsa enchilada rossa
- Sale e pepe a piacere

Preriscalda il forno a 375 ° F. In una padella capiente, cuocere la carne macinata a fuoco medio fino a doratura. Aggiungere la cipolla e l'aglio e cuocere fino a quando la cipolla è morbida, circa 5 minuti. Aggiungere sale e pepe a piacere. Togliere dal fuoco. Riscaldare le tortillas nel microonde per 30 secondi. Farcire ogni tortilla con una manciata di formaggio e un cucchiaio di composto di manzo. Arrotolare bene e posizionare la cucitura rivolta verso il basso in una teglia unta. Versare la salsa enchilada rossa sopra le enchiladas. Cospargere con il formaggio rimanente. Coprire con un foglio e cuocere per 20 minuti. Rimuovere la pellicola e cuocere per altri 10-15 minuti fino a quando il formaggio si scioglie e diventa frizzante.

9. Enchiladas di spinaci e formaggio

12 tortillas di farina
2 tazze di formaggio Monterey Jack grattugiato
1 confezione (10 once) di spinaci surgelati, scongelati e scolati
1/4 di tazza di cipolla tritata
2 spicchi d'aglio, tritati
2 cucchiai di burro
2 cucchiai di farina
2 tazze di brodo di pollo o vegetale
Sale e pepe a piacere

Preriscalda il forno a 375 ° F. In una padella capiente, sciogli il burro a fuoco medio. Sbattere la farina e cuocere per 1 minuto. Sbattere gradualmente nel brodo fino a che liscio. Cuocere per 5-7 minuti, mescolando continuamente, finché la salsa non si addensa. Togliere dal fuoco. Aggiungi gli spinaci, la cipolla e l'aglio nella padella e mescola per unire. Riscaldare le tortillas nel microonde per 30 secondi. Farcire ogni tortilla con una manciata di formaggio e un cucchiaio di composto di spinaci. Arrotolare bene e posizionare la cucitura rivolta verso il basso in una teglia unta. Versare la besciamella sopra le enchiladas. Cospargere con il formaggio rimanente. Coprire con un foglio e cuocere per 20 minuti. Rimuovere la pellicola e cuocere per altri 10-15 minuti fino a quando il formaggio si scioglie e diventa frizzante.

10. Enchiladas di gamberi e formaggio

12 tortillas di mais
2 tazze di formaggio Monterey Jack grattugiato
1 chilo di gamberi medi, sbucciati e sgranati
1/4 di tazza di cipolla tritata
2 spicchi d'aglio, tritati
2 cucchiai di olio vegetale
1 lattina (10 once) di salsa enchilada verde
Sale e pepe a piacere
Preriscalda il forno a 375 ° F. In una padella capiente, scaldare l'olio a fuoco medio. Aggiungere la cipolla e l'aglio e cuocere fino a quando la cipolla è morbida, circa 5 minuti. Aggiungere i gamberi e cuocere fino a quando non diventano rosa, circa 3-4 minuti. Togliere dal fuoco. Riscaldare le tortillas nel microonde per 30 secondi. Farcire ogni tortilla con una manciata di formaggio e un cucchiaio di composto di gamberi. Arrotolare bene e posizionare la cucitura rivolta verso il basso in una teglia unta. Versare la salsa enchilada verde sopra le enchiladas. Cospargere con il formaggio rimanente. Coprire con un foglio e cuocere per 20 minuti. Rimuovere la pellicola e cuocere per altri 10-15 minuti fino a quando il formaggio si scioglie e diventa frizzante.

11. Enchiladas di pollo e formaggio con salsa verde

12 tortillas di mais
2 tazze di formaggio Monterey Jack grattugiato
2 tazze di pollo cotto e sminuzzato
1 lattina (10 once) di salsa enchilada verde
1/2 tazza di panna acida
1/4 di tazza di coriandolo tritato
Sale e pepe a piacere

Preriscalda il forno a 375 ° F. In una ciotola media, mescolare il pollo tritato, il coriandolo, la panna acida, il sale e il pepe. Riscaldare le tortillas nel microonde per 30 secondi. Riempi ogni tortilla con una manciata di formaggio e un cucchiaio di composto di pollo. Arrotolare bene e posizionare la cucitura rivolta verso il basso in una teglia unta. Versare la salsa enchilada verde sopra le enchiladas. Cospargere con il formaggio rimanente. Coprire con un foglio e cuocere per 20 minuti. Rimuovere la pellicola e cuocere per altri 10-15 minuti fino a quando il formaggio si scioglie e diventa frizzante.

12. Enchiladas vegetariane di fagioli neri e formaggio

12 tortillas di mais
2 tazze di formaggio Monterey Jack grattugiato
1 lattina (15 once) di fagioli neri, sciacquati e scolati
1/2 tazza di mais congelato, scongelato
1/4 di tazza di cipolla tritata
1 lattina (10 once) di salsa enchilada rossa
Sale e pepe a piacere

Preriscalda il forno a 375 ° F. In una ciotola media, mescola fagioli neri, mais, cipolla, sale e pepe. Riscaldare le tortillas nel microonde per 30 secondi. Farcire ogni tortilla con una manciata di formaggio e un cucchiaio di composto di fagioli neri. Arrotolare bene e posizionare la cucitura rivolta verso il basso in una teglia unta. Versare la salsa enchilada rossa sopra le enchiladas. Cospargere con il formaggio rimanente. Coprire con un foglio e cuocere per 20 minuti. Rimuovere la pellicola e cuocere per altri 10-15 minuti fino a quando il formaggio si scioglie e diventa frizzante.

ENCHILADAS MANZO

13. Enchiladas base di manzo

1 kg di carne macinata
12 tortillas di mais
1 barattolo di salsa enchilada
1 cipolla a dadini
2 spicchi d'aglio
1 cucchiaino di cumino
Sale e pepe a piacere

Preriscalda il forno a 375 ° F. In una padella, cuocere la carne con cipolla, aglio, cumino, sale e pepe fino a doratura. In una casseruola, scaldare la salsa enchilada a fuoco medio. Immergi le tortillas nella salsa e mettile in una teglia da 9x13 pollici. Riempi ogni tortilla con il composto di carne e arrotolala. Versare la salsa rimanente sulle enchiladas e infornare per 25-30 minuti.

14. Enchiladas di manzo e fagioli

1 kg di carne macinata
1 lattina di fagioli neri, scolati e sciacquati
1 cipolla a dadini
2 spicchi d'aglio
1 lattina di salsa enchilada rossa
12 tortillas di mais
Sale e pepe a piacere

Preriscalda il forno a 375 ° F. In una padella, cuocere la carne con cipolla, aglio, sale e pepe fino a doratura. Aggiungere i fagioli neri e mescolare bene. In una casseruola, scaldare la salsa enchilada a fuoco medio. Immergi le tortillas nella salsa e mettile in una teglia da 9x13 pollici. Riempi ogni tortilla con il composto di manzo e fagioli e arrotolala. Versare la salsa rimanente sulle enchiladas e infornare per 25-30 minuti.

15. Enchiladas di manzo piccante

- 12 tortillas di farina
- 2 tazze di formaggio al pepe grattugiato
- 1 libbra di carne macinata
- 1 lattina (10 once) di salsa enchilada
- 1 lattina (4 once) di peperoncini verdi a dadini, scolati
- 1 cucchiaio di peperoncino in polvere
- 1/2 cucchiaino di cumino
- Sale e pepe a piacere

Preriscalda il forno a 375 ° F. In una padella capiente, cuocere la carne macinata a fuoco medio fino a quando la carne è dorata e cotta. Scolare il grasso in eccesso. Aggiungi peperoncino in polvere, cumino, sale e pepe a piacere. Mescolare i peperoncini verdi a dadini. Riscaldare le tortillas nel microonde per 30 secondi. Farcire ogni tortilla con una manciata di formaggio e un cucchiaio di composto di manzo. Arrotolare bene e posizionare la cucitura rivolta verso il basso in una teglia unta. Versare la salsa enchilada sopra le enchiladas. Cospargere con il formaggio rimanente. Coprire con un foglio e cuocere per 20 minuti. Rimuovere la pellicola e cuocere per altri 10-15 minuti fino a quando il formaggio si scioglie e diventa frizzante.

16. Enchiladas di manzo con salsa fatta in casa

- 12 tortillas di mais
- 2 tazze di formaggio cheddar grattugiato
- 1 libbra di carne macinata
- 1/2 tazza di cipolla tritata
- 2 spicchi d'aglio, tritati
- 1 lattina (14,5 once) di pomodori a dadini
- 1 cucchiaio di peperoncino in polvere
- 1 cucchiaino di cumino
- 1 cucchiaino di paprika
- 1/2 cucchiaino di origano
- Sale e pepe a piacere

Preriscalda il forno a 375 ° F. In una padella capiente, cuocere la carne macinata e la cipolla a fuoco medio fino a quando la carne è dorata e cotta. Scolare il grasso in eccesso. Aggiungere l'aglio e cuocere per 1 minuto. Aggiungere i pomodori a dadini, il peperoncino in polvere, il cumino, la paprika, l'origano, il sale e il pepe a piacere. Portare a ebollizione e cuocere per 10-15 minuti, mescolando di tanto in tanto. Riscaldare le tortillas nel microonde per 30 secondi. Farcire ogni tortilla con una manciata di formaggio e un cucchiaio di composto di manzo. Arrotolare bene e posizionare la cucitura rivolta verso il basso in una teglia unta. Versare la salsa enchilada fatta in casa sopra le enchiladas. Cospargere con il formaggio rimanente. Coprire con un foglio e cuocere per 20 minuti. Rimuovere la pellicola e cuocere per altri 10-15 minuti fino a quando il formaggio si scioglie e diventa frizzante.

17. Enchiladas di manzo con salsa verde

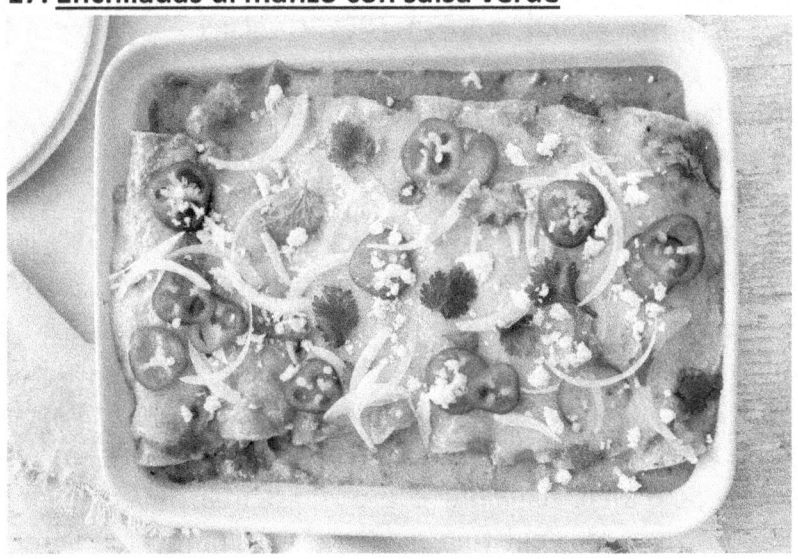

12 tortillas di farina
2 tazze di formaggio Monterey Jack grattugiato
1 libbra di carne macinata
1 lattina (10 once) di salsa enchilada verde
1 lattina (4 once) di peperoncini verdi a dadini, scolati
1/2 cucchiaino di cumino
Sale e pepe a piacere

Preriscalda il forno a 375 ° F. In una padella capiente, cuocere la carne macinata a fuoco medio fino a quando la carne è dorata e cotta. Scolare il grasso in eccesso. Aggiungi peperoncini verdi a dadini, cumino, sale e pepe a piacere. Riscaldare le tortillas nel microonde per 30 secondi. Farcire ogni tortilla con una manciata di formaggio e un cucchiaio di composto di manzo. Arrotolare bene e posizionare la cucitura rivolta verso il basso in una teglia unta. Versare la salsa enchilada verde sopra le enchiladas. Cospargere con il formaggio rimanente. Coprire con un foglio e cuocere per 20 minuti. Rimuovere la pellicola e cuocere per altri 10-15 minuti fino a quando il formaggio si scioglie e diventa frizzante.

18. Enchiladas di manzo a cottura lenta

12 tortillas di farina
2 tazze di formaggio cheddar grattugiato
Arrosto di manzo da 2 libbre
1 lattina (10 once) di salsa enchilada
1 lattina (4 once) di peperoncini verdi a dadini, scolati
1 cucchiaio di peperoncino in polvere
1/2 cucchiaino di cumino
Sale e pepe a piacere

Metti l'arrosto di manzo in una pentola a cottura lenta. Aggiungi salsa enchilada, peperoncini verdi a dadini, peperoncino in polvere, cumino, sale e pepe a piacere. Coprire e cuocere a fuoco basso per 8-10 ore o fino a quando la carne è tenera e si sfalda facilmente. Sminuzzare la carne con una forchetta. Preriscalda il forno a 375 ° F. Riscaldare le tortillas nel microonde per 30 secondi. Farcire ogni tortilla con una manciata di formaggio e un cucchiaio di carne tritata. Arrotolare bene e posizionare la cucitura rivolta verso il basso in una teglia unta. Versare la salsa rimanente dalla pentola a cottura lenta sopra le enchiladas. Cospargere con il formaggio rimanente. Coprire con un foglio e cuocere per 20 minuti. Rimuovere la pellicola e cuocere per altri 10-15 minuti fino a quando il formaggio si scioglie e diventa frizzante.

19. Enchiladas di manzo con salsa cremosa

12 tortillas di farina
2 tazze di formaggio Monterey Jack grattugiato
1 libbra di carne macinata
1 lattina (10 once) di salsa enchilada rossa
1 lattina (10,75 once) di crema di zuppa di funghi
1/2 tazza di panna acida
Sale e pepe a piacere

Preriscalda il forno a 375 ° F. In una padella capiente, cuocere la carne macinata a fuoco medio fino a quando la carne è dorata e cotta. Scolare il grasso in eccesso. Aggiungere sale e pepe a piacere.

In una ciotola separata, mescola la salsa di enchilada rossa, la crema di zuppa di funghi e la panna acida fino a quando non saranno ben amalgamati. Riscaldare le tortillas nel microonde per 30 secondi. Farcire ogni tortilla con una manciata di formaggio e un cucchiaio di composto di manzo. Arrotolare bene e posizionare la cucitura rivolta verso il basso in una teglia unta. Versare la salsa cremosa sopra le enchiladas. Cospargere con il formaggio rimanente. Coprire con un foglio e cuocere per 20 minuti. Rimuovere la pellicola e cuocere per altri 10-15 minuti fino a quando il formaggio si scioglie e diventa frizzante.

20. Enchiladas di manzo con salsa di talpa

12 tortillas di farina
2 tazze di formaggio Monterey Jack grattugiato
1 libbra di carne macinata
1 lattina (10 once) di salsa enchilada rossa
1/4 di tazza di salsa di talpa
Sale e pepe a piacere

Preriscalda il forno a 375 ° F. In una padella capiente, cuocere la carne macinata a fuoco medio fino a quando la carne è dorata e cotta. Scolare il grasso in eccesso. Aggiungere sale e pepe a piacere. Riscaldare le tortillas nel microonde per 30 secondi. Farcire ogni tortilla con una manciata di formaggio e un cucchiaio di composto di manzo. Arrotolare bene e posizionare la cucitura rivolta verso il basso in una teglia unta. In una ciotola separata, mescola la salsa di enchilada rossa e la salsa di talpa fino a quando non saranno ben combinate. Versare la salsa sopra le enchiladas. Cospargere con il formaggio rimanente. Coprire con un foglio e cuocere per 20 minuti. Rimuovere la pellicola e cuocere per altri 10-15 minuti fino a quando il formaggio si scioglie e diventa frizzante.

21. Enchiladas di manzo con salsa al chipotle

- 12 tortillas di farina
- 2 tazze di formaggio cheddar grattugiato
- 1 libbra di carne macinata
- 1 lattina (10 once) di salsa enchilada rossa
- 1 lattina (7 once) di peperoni chipotle in salsa adobo, tritati
- Sale e pepe a piacere

Preriscalda il forno a 375 ° F. In una padella capiente, cuocere la carne macinata a fuoco medio fino a quando la carne è dorata e cotta. Scolare il grasso in eccesso. Aggiungere sale e pepe a piacere. Riscaldare le tortillas nel microonde per 30 secondi. Farcire ogni tortilla con una manciata di formaggio e un cucchiaio di composto di manzo. Arrotolare bene e posizionare la cucitura rivolta verso il basso in una teglia unta. In una ciotola separata, mescola la salsa enchilada rossa e i peperoncini chipotle tritati nella salsa adobo fino a quando non saranno ben amalgamati. Versare la salsa sopra le enchiladas. Cospargere con il formaggio rimanente. Coprire con un foglio e cuocere per 20 minuti. Rimuovere la pellicola e cuocere per altri 10-15 minuti fino a quando il formaggio si scioglie e diventa frizzante.

22. Enchiladas di manzo con salsa Tomatillo

12 tortillas di farina
2 tazze di formaggio Monterey Jack grattugiato
1 libbra di carne macinata
1 lattina (10 once) di salsa enchilada rossa
1 lattina (11 once) di tomatillos, scolati e tritati
1/4 di tazza di coriandolo tritato
Sale e pepe a piacere

Preriscalda il forno a 375 ° F. In una padella capiente, cuocere la carne macinata a fuoco medio fino a quando la carne è dorata e cotta. Scolare il grasso in eccesso. Aggiungere i tomatillo tritati, il coriandolo, il sale e il pepe a piacere. Riscaldare le tortillas nel microonde per 30 secondi. Farcire ogni tortilla con una manciata di formaggio e un cucchiaio di composto di manzo. Arrotolare bene e posizionare la cucitura rivolta verso il basso in una teglia unta. In una ciotola separata, mescola la salsa di enchilada rossa e i tomatillos tritati fino a quando non saranno ben combinati. Versare la salsa sopra le enchiladas. Cospargere con il formaggio rimanente. Coprire con un foglio e cuocere per 20 minuti. Rimuovere la pellicola e cuocere per altri 10-15 minuti fino a quando il formaggio si scioglie e diventa frizzante.

23. Enchiladas di manzo con salsa Ranchero

12 tortillas di farina
2 tazze di formaggio cheddar grattugiato
1 libbra di carne macinata
1 lattina (10 once) di salsa enchilada rossa
1 lattina (14,5 once) di pomodori a cubetti, scolati
1/4 di tazza di cipolla tritata
1 cucchiaio di aglio tritato
Sale e pepe a piacere

Preriscalda il forno a 375 ° F. In una padella capiente, cuocere la carne macinata a fuoco medio fino a quando la carne è dorata e cotta. Scolare il grasso in eccesso. Aggiungere i pomodori a cubetti, la cipolla tritata, l'aglio tritato, il sale e il pepe a piacere. Riscaldare le tortillas nel microonde per 30 secondi. Farcire ogni tortilla con una manciata di formaggio e un cucchiaio di composto di manzo. Arrotolare bene e posizionare la cucitura rivolta verso il basso in una teglia unta. In una ciotola separata, mescola la salsa di enchilada rossa e i pomodori a dadini fino a quando non saranno ben combinati. Versare la salsa sopra le enchiladas. Cospargere con il formaggio rimanente. Coprire con un foglio e cuocere per 20 minuti. Rimuovere la pellicola e cuocere per altri 10-15 minuti fino a quando il formaggio si scioglie e diventa frizzante.

24. Enchiladas di manzo con salsa di peperoncino verde

- 12 tortillas di farina
- 2 tazze di formaggio Monterey Jack grattugiato
- 1 libbra di carne macinata
- 1 lattina (10 once) di salsa enchilada rossa
- 1 lattina (4 once) di peperoncini verdi tritati
- Sale e pepe a piacere

Preriscalda il forno a 375 ° F. In una padella capiente, cuocere la carne macinata a fuoco medio fino a quando la carne è dorata e cotta. Scolare il grasso in eccesso. Aggiungi peperoncini verdi tritati, sale e pepe a piacere. Riscaldare le tortillas nel microonde per 30 secondi. Farcire ogni tortilla con una manciata di formaggio e un cucchiaio di composto di manzo. Arrotolare bene e posizionare la cucitura rivolta verso il basso in una teglia unta. In una ciotola separata, mescola la salsa di enchilada rossa e i peperoncini verdi tritati fino a quando non saranno ben combinati. Versare la salsa sopra le enchiladas. Cospargere con il formaggio rimanente. Coprire con un foglio e cuocere per 20 minuti. Rimuovere la pellicola e cuocere per altri 10-15 minuti fino a quando il formaggio si scioglie e diventa frizzante.

25. Enchiladas di manzo con salsa verde

12 tortillas di farina
2 tazze di formaggio cheddar grattugiato
1 libbra di carne macinata
1 vasetto (16 once) di salsa verde
Sale e pepe a piacere

Preriscalda il forno a 375 ° F. In una padella capiente, cuocere la carne macinata a fuoco medio fino a quando la carne è dorata e cotta. Scolare il grasso in eccesso. Aggiungere sale e pepe a piacere. Riscaldare le tortillas nel microonde per 30 secondi. Farcire ogni tortilla con una manciata di formaggio e un cucchiaio di composto di manzo. Arrotolare bene e posizionare la cucitura rivolta verso il basso in una teglia unta. Versare la salsa verde sopra le enchiladas. Cospargere con il formaggio rimanente. Coprire con un foglio e cuocere per 20 minuti. Rimuovere la pellicola e cuocere per altri 10-15 minuti fino a quando il formaggio si scioglie e diventa frizzante.

26. Enchiladas di manzo con Pico de Gallo

12 tortillas di farina
2 tazze
formaggio Monterey Jack grattugiato
1 libbra di carne macinata
1 lattina (10 once) di salsa enchilada rossa
1 tazza di pico de gallo fatto in casa o acquistato in negozio
Preriscalda il forno a 375 ° F. In una padella capiente, cuocere la carne macinata a fuoco medio fino a quando la carne è dorata e cotta. Scolare il grasso in eccesso. Riscaldare le tortillas nel microonde per 30 secondi. Farcire ogni tortilla con una manciata di formaggio e un cucchiaio di composto di manzo. Arrotolare bene e posizionare la cucitura rivolta verso il basso in una teglia unta. Versare la salsa enchilada sopra le enchiladas. Versare il pico de gallo sopra la salsa enchilada. Cospargere con il formaggio rimanente. Coprire con un foglio e cuocere per 20 minuti. Rimuovere la pellicola e cuocere per altri 10-15 minuti fino a quando il formaggio si scioglie e diventa frizzante.

27. Enchiladas di manzo con salsa di talpa

12 tortillas di farina
2 tazze di formaggio cheddar grattugiato
1 libbra di carne macinata
1 lattina (10 once) di salsa enchilada rossa
1/2 tazza di salsa di talpa fatta in casa o acquistata in negozio
Preriscalda il forno a 375 ° F. In una padella capiente, cuocere la carne macinata a fuoco medio fino a quando la carne è dorata e cotta. Scolare il grasso in eccesso. Riscaldare le tortillas nel microonde per 30 secondi. Farcire ogni tortilla con una manciata di formaggio e un cucchiaio di composto di manzo. Arrotolare bene e posizionare la cucitura rivolta verso il basso in una teglia unta. Versare la salsa enchilada sopra le enchiladas. Versare la salsa talpa sopra la salsa enchilada. Cospargere con il formaggio rimanente. Coprire con un foglio e cuocere per 20 minuti. Rimuovere la pellicola e cuocere per altri 10-15 minuti fino a quando il formaggio si scioglie e diventa frizzante.

28. Enchiladas di manzo con salsa al chipotle

12 tortillas di farina
2 tazze di formaggio Monterey Jack grattugiato
1 libbra di carne macinata
1 lattina (10 once) di salsa enchilada rossa
2 cucchiai di peperoni chipotle in salsa adobo, tritati

Preriscalda il forno a 375 ° F. In una padella capiente, cuocere la carne macinata a fuoco medio fino a quando la carne è dorata e cotta. Scolare il grasso in eccesso. Riscaldare le tortillas nel microonde per 30 secondi. Farcire ogni tortilla con una manciata di formaggio e un cucchiaio di composto di manzo. Arrotolare bene e posizionare la cucitura rivolta verso il basso in una teglia unta. In una ciotola separata, mescola la salsa enchilada rossa e i peperoncini chipotle tritati fino a quando non saranno ben amalgamati. Versare la salsa sopra le enchiladas. Cospargere con il formaggio rimanente. Coprire con un foglio e cuocere per 20 minuti. Rimuovere la pellicola e cuocere per altri 10-15 minuti fino a quando il formaggio si scioglie e diventa frizzante.

ENCHILADAS DI POLLO

29. Enchiladas di pollo di base

1 kg di pollo cotto e sminuzzato
12 tortillas di mais
1 lattina di salsa enchilada verde
1 cipolla a dadini
2 spicchi d'aglio
1 cucchiaino di cumino
Sale e pepe a piacere

Preriscalda il forno a 375 ° F. In una casseruola, scaldare la salsa enchilada, la cipolla, l'aglio, il cumino, il sale e il pepe a fuoco medio. Immergi le tortillas nella salsa e mettile in una teglia da 9x13 pollici. Farcite ogni tortilla con il pollo e arrotolatela. Versare la salsa rimanente sulle enchiladas e infornare per 25-30 minuti.

30. Enchiladas di pollo e spinaci

1 kg di pollo cotto e sminuzzato
2 tazze di spinaci freschi, tritati
1 cipolla a dadini
2 spicchi d'aglio
1 lattina di salsa enchilada verde
12 tortillas di mais
Sale e pepe a piacere

Preriscalda il forno a 375 ° F. In una padella, cuocere la cipolla e l'aglio fino a quando non si ammorbidiscono. Aggiungere gli spinaci e cuocere fino ad appassire. Aggiungere il pollo tritato e condire con sale e pepe. In una casseruola, scaldare la salsa enchilada a fuoco medio. Immergi le tortillas nella salsa e mettile in una teglia da 9x13 pollici. Riempi ogni tortilla con il composto di pollo e spinaci e arrotolala. Versare la salsa rimanente sulle enchiladas e infornare per 25-30 minuti.

31. Enchiladas di pollo al Cile verde

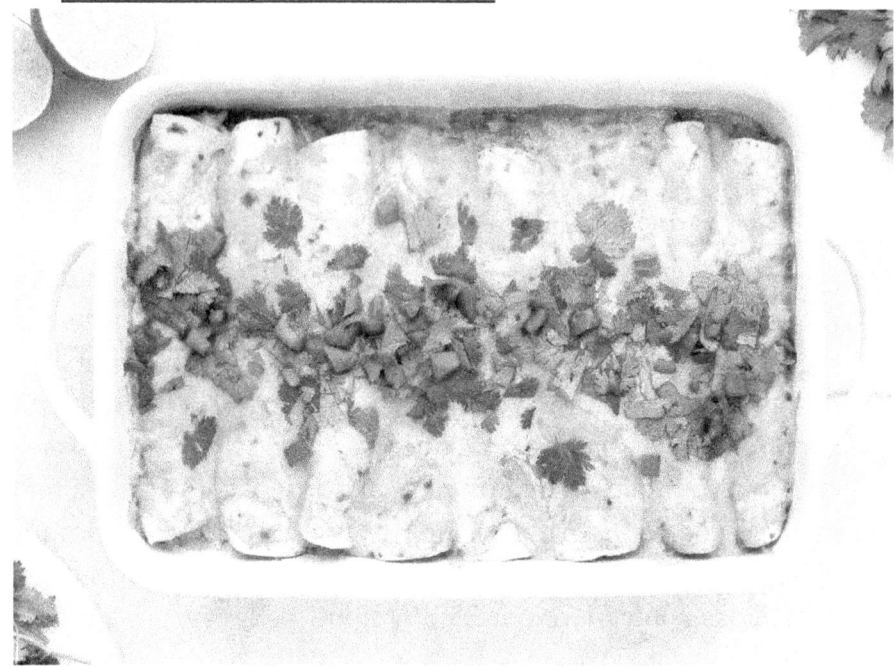

Ingredienti:

2 libbre. petti di pollo disossati e senza pelle
1 lattina (14 once) di salsa enchilada verde
1 lattina (4 once) di peperoncini verdi a dadini
2 tazze di formaggio Monterey Jack grattugiato
10-12 tortillas di mais
Sale e pepe a piacere

Istruzioni:

Preriscalda il forno a 375 ° F.
Condire il pollo con sale e pepe, quindi cuocere in una padella capiente a fuoco medio-alto fino a doratura e cottura.
Sminuzzare il pollo e metterlo da parte.
In una ciotola capiente, mescola la salsa enchilada verde e i peperoncini verdi tagliati a dadini.
In una ciotola separata, mescola il pollo sminuzzato e 1 tazza di formaggio grattugiato.
Riscalda le tortillas nel microonde o su una piastra fino a renderle morbide e flessibili.
Mettere un cucchiaio generoso di composto di pollo su ogni tortilla e arrotolare bene.
Metti le tortillas arrotolate con la cucitura rivolta verso il basso in una teglia da 9x13 pollici.
Versare il composto di salsa verde sopra le enchiladas e cospargere con il restante formaggio grattugiato.
Cuocere in forno preriscaldato per 20-25 minuti, o fino a quando il formaggio è fuso e spumoso.

32. Creamy Enchiladas di pollo

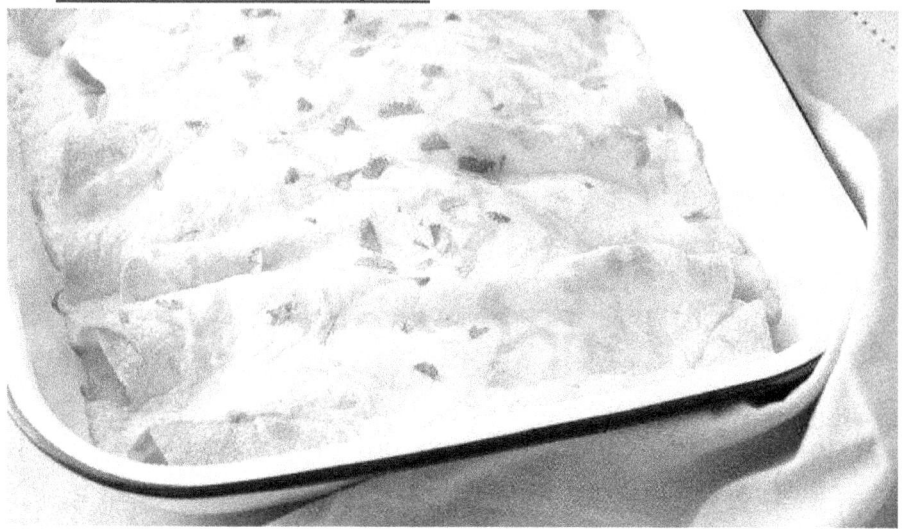

Ingredienti:

2 libbre. petti di pollo disossati e senza pelle
1 lattina (10 once) di zuppa di pollo
1 lattina (4 once) di peperoncini verdi a dadini
1/2 tazza di panna acida
2 tazze di formaggio Monterey Jack grattugiato
10-12 tortillas di farina
Sale e pepe a piacere
Istruzioni:

Preriscalda il forno a 375 ° F.
Condire il pollo con sale e pepe, quindi cuocere in una padella capiente a fuoco medio-alto fino a doratura e cottura.
Sminuzzare il pollo e metterlo da parte.
In una ciotola capiente, mescola la crema di zuppa di pollo, i peperoncini verdi a dadini e la panna acida.
In una ciotola separata, mescola il pollo sminuzzato e 1 tazza di formaggio grattugiato.
6. Riscalda le tortillas nel microonde o su una piastra fino a renderle morbide e flessibili.

Mettere un cucchiaio generoso di composto di pollo su ogni tortilla e arrotolare bene.
Metti le tortillas arrotolate con la cucitura rivolta verso il basso in una teglia da 9x13 pollici.
Versare il composto di salsa cremosa sopra le enchiladas e cospargere con il restante formaggio grattugiato.
Cuocere in forno preriscaldato per 20-25 minuti, o fino a quando il formaggio è fuso e spumoso.

33. Enchiladas di pollo rosso del Cile

Ingredienti:

2 libbre. petti di pollo disossati e senza pelle
2 tazze di salsa enchilada rossa
1 lattina (4 once) di peperoncini verdi a dadini
2 tazze di formaggio cheddar grattugiato
10-12 tortillas di mais
Sale e pepe a piacere

Istruzioni:

Preriscalda il forno a 375 ° F.
Condire il pollo con sale e pepe, quindi cuocere in una padella capiente a fuoco medio-alto fino a doratura e cottura.
Sminuzzare il pollo e metterlo da parte.
In una ciotola capiente, mescola la salsa enchilada rossa e i peperoncini verdi tagliati a dadini.
In una ciotola separata, mescola il pollo sminuzzato e 1 tazza di formaggio grattugiato.
Riscalda le tortillas nel microonde o su una piastra fino a renderle morbide e flessibili.
Mettere un cucchiaio generoso di composto di pollo su ogni tortilla e arrotolare bene.
Metti le tortillas arrotolate con la cucitura rivolta verso il basso in una teglia da 9x13 pollici.
Versare il composto di salsa rossa sopra le enchiladas e cospargere con il restante formaggio grattugiato.
Cuocere in forno preriscaldato per 20-25 minuti, o fino a quando il formaggio è fuso e spumoso.

34. Enchiladas di pollo piccanti

Ingredienti:

2 libbre. petti di pollo disossati e senza pelle
1 lattina (10 once) di pomodori a cubetti e peperoncini verdi
1 lattina (4 once) di jalapeños a dadini
2 tazze di formaggio al pepe grattugiato
10-12 tortillas di mais
Sale e pepe a piacere

Istruzioni:

Preriscalda il forno a 375 ° F.
Condire il pollo con sale e pepe, quindi cuocere in una padella capiente a fuoco medio-alto fino a doratura e cottura.
Sminuzzare il pollo e metterlo da parte.
In una ciotola capiente, mescola i pomodori a dadini, i peperoncini verdi e i jalapeños a dadini.
In una ciotola separata, mescola il pollo sminuzzato e 1 tazza di formaggio grattugiato.
Riscalda le tortillas nel microonde o su una piastra fino a renderle morbide e flessibili.
Mettere un cucchiaio generoso di composto di pollo su ogni tortilla e arrotolare bene.
Metti le tortillas arrotolate con la cucitura rivolta verso il basso in una teglia da 9x13 pollici.
Versare il composto di pomodoro e jalapeño sopra le enchiladas e cospargere con il restante formaggio grattugiato.
Cuocere in forno preriscaldato per 20-25 minuti, o fino a quando il formaggio è fuso e spumoso.

35. Enchiladas di pollo al formaggio

Ingredienti:

2 libbre. petti di pollo disossati e senza pelle
2 tazze di formaggio cheddar grattugiato
1 lattina (4 once) di peperoncini verdi a dadini
1/2 tazza di salsa
10-12 tortillas di farina
Sale e pepe a piacere

Istruzioni:

Preriscalda il forno a 375 ° F.
Condire il pollo con sale e pepe, quindi cuocere in una padella capiente a fuoco medio-alto fino a doratura e cottura.
Sminuzzare il pollo e metterlo da parte.
In una grande ciotola, mescola insieme il formaggio grattugiato, i peperoncini verdi a dadini e la salsa.
In una ciotola separata, mescola insieme il pollo sminuzzato.
Riscalda le tortillas nel microonde o su una piastra fino a renderle morbide e flessibili.
Mettere un cucchiaio generoso di composto di pollo su ogni tortilla e arrotolare bene.
Metti le tortillas arrotolate con la cucitura rivolta verso il basso in una teglia da 9x13 pollici.
Versare il composto di formaggio sopra le enchiladas.
Cuocere in forno preriscaldato per 20-25 minuti, o fino a quando il formaggio è fuso e spumoso.

36. Enchiladas cremose di pollo con salsa Poblano

Ingredienti:

2 libbre. petti di pollo disossati e senza pelle
1/2 tazza di panna
1/4 di tazza di panna acida
1 lattina (4 once) di peperoncini verdi a dadini
2 tazze di formaggio Monterey jack grattugiato
10-12 tortillas di mais
Sale e pepe a piacere

Salsa Poblano:

2 peperoni poblano grandi
1/2 cipolla, tritata
2 spicchi d'aglio, tritati
1/2 tazza di brodo di pollo
1/2 tazza di panna
Sale e pepe a piacere

Istruzioni:

Preriscalda il forno a 375 ° F.
Condire il pollo con sale e pepe, quindi cuocere in una padella capiente a fuoco medio-alto fino a doratura e cottura.
Sminuzzare il pollo e metterlo da parte.
In una ciotola capiente, mescola la panna, la panna acida, i peperoncini verdi a dadini e 1 tazza di formaggio Monterey jack grattugiato.
In una ciotola separata, mescola insieme il pollo sminuzzato.
Riscalda le tortillas nel microonde o su una piastra fino a renderle morbide e flessibili.
Mettere un cucchiaio generoso di composto di pollo su ogni tortilla e arrotolare bene.
Metti le tortillas arrotolate con la cucitura rivolta verso il basso in una teglia da 9x13 pollici.
Versare il composto di salsa cremosa sopra le enchiladas e cospargere con il restante formaggio grattugiato.

Cuocere in forno preriscaldato per 20-25 minuti, o fino a quando il formaggio è fuso e spumoso.

Per la salsa Poblano:

Arrostire i peperoni poblano a fuoco vivo o sotto la griglia fino a quando la pelle non è carbonizzata e piena di vesciche.

Togliere dal fuoco e mettere in un sacchetto di plastica per 10-15 minuti a vapore.

Rimuovere la pelle, il gambo e i semi dai peperoni e tritare la polpa.

In una casseruola capiente, soffriggere la cipolla e l'aglio fino a quando non si ammorbidiscono.

Aggiungi i poblanos tritati, il brodo di pollo e la panna nella casseruola e fai sobbollire per 10-15 minuti.

Condite con sale e pepe a piacere.

Versare la salsa sulle enchiladas prima di servire.

37. Enchiladas di pollo con salsa verde

Ingredienti:

2 libbre. petti di pollo disossati e senza pelle
2 tazze di formaggio Monterey jack grattugiato
1 lattina (4 once) di peperoncini verdi a dadini
1 barattolo (16 once) di salsa verde
10-12 tortillas di mais
Sale e pepe a piacere
Istruzioni:

Preriscalda il forno a 375 ° F.
2. Condisci il pollo con sale e pepe, quindi cuoci in una padella capiente a fuoco medio-alto finché non sarà dorato e ben cotto.

Sminuzzare il pollo e metterlo da parte.
In una grande ciotola, mescola insieme il formaggio grattugiato, i peperoncini verdi a dadini e 1/2 tazza di salsa verde.
In una ciotola separata, mescola insieme il pollo sminuzzato.
Riscalda le tortillas nel microonde o su una piastra fino a renderle morbide e flessibili.
Mettere un cucchiaio generoso di composto di pollo su ogni tortilla e arrotolare bene.
Metti le tortillas arrotolate con la cucitura rivolta verso il basso in una teglia da 9x13 pollici.
Versare la restante salsa verde sopra le enchiladas.
Cuocere in forno preriscaldato per 20-25 minuti, o fino a quando il formaggio è fuso e spumoso.

38. Enchiladas cremose di pollo con salsa Tomatillo

Ingredienti:

2 libbre. petti di pollo disossati e senza pelle
1/2 tazza di panna
1/4 di tazza di panna acida
1 lattina (4 once) di peperoncini verdi a dadini
2 tazze di formaggio Monterey jack grattugiato
10-12 tortillas di mais
Sale e pepe a piacere
Salsa di pomodoro:

8 tomatillos mondati e sciacquati
1/2 cipolla, tritata
2 spicchi d'aglio, tritati
1/2 tazza di brodo di pollo
1/2 tazza di panna
Sale e pepe a piacere
Istruzioni:

Preriscalda il forno a 375 ° F.
Condire il pollo con sale e pepe, quindi cuocere in una padella capiente a fuoco medio-alto fino a doratura e cottura.
Sminuzzare il pollo e metterlo da parte.
In una ciotola capiente, mescola la panna, la panna acida, i peperoncini verdi a dadini e 1 tazza di formaggio Monterey jack grattugiato.
In una ciotola separata, mescola insieme il pollo sminuzzato.
Riscalda le tortillas nel microonde o su una piastra fino a renderle morbide e flessibili.
Mettere un cucchiaio generoso di composto di pollo su ogni tortilla e arrotolare bene.
Metti le tortillas arrotolate con la cucitura rivolta verso il basso in una teglia da 9x13 pollici.
Versare il composto di salsa cremosa sopra le enchiladas e cospargere con il restante formaggio grattugiato.

Cuocere in forno preriscaldato per 20-25 minuti, o fino a quando il formaggio è fuso e spumoso.
Per la salsa Tomatillo:

Preriscalda la griglia.
Metti i tomatillos su una teglia e cuocili per 5-7 minuti, o fino a quando la pelle è carbonizzata e piena di vesciche.
Togliere dal fuoco e lasciare raffreddare.
In un frullatore o robot da cucina, frullare i tomatillos, la cipolla, l'aglio, il brodo di pollo e la panna fino a che liscio.
Condite con sale e pepe a piacere.
Versare la salsa sulle enchiladas prima di servire.

PESCE E FRUTTI DI MARE

39. Enchiladas gamberetti

1 kg di gamberi cotti e tritati
12 tortillas di mais
1 lattina di salsa enchilada rossa
1 cipolla a dadini
2 spicchi d'aglio
1 cucchiaino di cumino
Sale e pepe a piacere

Preriscalda il forno a 375 ° F. In una casseruola, scaldare la salsa enchilada, la cipolla, l'aglio, il cumino, il sale e il pepe a fuoco medio. Immergi le tortillas nella salsa e mettile in una teglia da 9x13 pollici. Riempite ogni tortilla con i gamberi e arrotolatela. Versare la salsa rimanente sulle enchiladas e infornare per 25-30 minuti.

40. Enchiladas di granchio

Ingredienti:

1 libbra di polpa di granchio, raccolta per i gusci
2 tazze di formaggio Monterey jack grattugiato
1 lattina (4 once) di peperoncini verdi a dadini
1 barattolo (16 once) di salsa
10-12 tortillas di mais
Sale e pepe a piacere

Istruzioni:

Preriscalda il forno a 375 ° F.
In una grande ciotola, mescola insieme la polpa di granchio, il formaggio grattugiato, i peperoncini verdi a dadini e 1/2 tazza di salsa.
Riscalda le tortillas nel microonde o su una piastra fino a renderle morbide e flessibili.
Metti un cucchiaio generoso della miscela di polpa di granchio su ogni tortilla e arrotola bene.
Metti le tortillas arrotolate con la cucitura rivolta verso il basso in una teglia da 9x13 pollici.
Versare la salsa rimanente sopra le enchiladas.
Cuocere in forno preriscaldato per 20-25 minuti, o fino a quando il formaggio è fuso e spumoso.

41. Enchiladas di pesce

Ingredienti:
1 libbra di gamberi cotti, sbucciati e sgranati
1 libbra di polpa di granchio cotta, sminuzzata
1 lattina (4 once) di peperoncini verdi a dadini
1/2 tazza di cipolla tritata
2 spicchi d'aglio, tritati
1 cucchiaino. cumino in polvere
1 cucchiaino. peperoncino in polvere
1 cucchiaino. origano secco
1 lattina (10 once) di salsa enchilada
10-12 tortillas di mais
1 tazza di formaggio Monterey jack grattugiato
1/4 di tazza di coriandolo fresco tritato
Sale e pepe a piacere
Condimenti opzionali: avocado a dadini, jalapenos a fette, panna acida, spicchi di lime

Istruzioni:
Preriscalda il forno a 375 ° F.
In una grande ciotola, mescola i gamberi cotti, la polpa di granchio cotta, i peperoncini verdi a dadini, la cipolla tritata, l'aglio tritato, il cumino, il peperoncino in polvere e l'origano. Condite con sale e pepe a piacere.
Riscalda le tortillas nel microonde o su una piastra fino a renderle morbide e flessibili.
Stendere una piccola quantità di salsa enchilada sul fondo di una teglia da 9x13 pollici.
Mettere un cucchiaio abbondante di composto di frutti di mare su ogni tortilla e arrotolare bene.
Metti le tortillas arrotolate con la cucitura rivolta verso il basso nella teglia.
Versare la restante salsa enchilada sopra le enchiladas.
Cospargi il formaggio grattugiato sopra le enchiladas.
Cuocere in forno preriscaldato per 20-25 minuti, o fino a quando il formaggio è fuso e spumoso.
Cospargi il coriandolo tritato sopra le enchiladas.
Servire caldo con condimenti opzionali se lo si desidera.

42. Enchiladas di salmone

Ingredienti:

1 libbra di salmone cotto, a scaglie
1 lattina (4 once) di peperoncini verdi a dadini
1/2 tazza di cipolla rossa tritata
2 spicchi d'aglio, tritati
1 cucchiaino. cumino in polvere
1 cucchiaino. peperoncino in polvere
Sale e pepe a piacere
10-12 tortillas di mais
1 lattina (10 once) di salsa enchilada
1 tazza di formaggio Monterey jack grattugiato
Coriandolo fresco, tritato

Istruzioni:

Preriscalda il forno a 375 ° F.
In una grande ciotola, mescolare insieme il salmone a scaglie, i peperoncini verdi a dadini, la cipolla rossa tritata, l'aglio tritato, il cumino, il peperoncino in polvere e sale e pepe a piacere.
Riscalda le tortillas nel microonde o su una piastra fino a renderle morbide e flessibili.
Stendere una piccola quantità di salsa enchilada sul fondo di una teglia da 9x13 pollici.
Mettere un cucchiaio abbondante di composto di salmone su ogni tortilla e arrotolare bene.
Metti le tortillas arrotolate con la cucitura rivolta verso il basso nella teglia.
Versare la restante salsa enchilada sopra le enchiladas.
Cospargi il formaggio grattugiato sopra le enchiladas.
Cuocere in forno preriscaldato per 20-25 minuti, o fino a quando il formaggio è fuso e spumoso.
Guarnire con coriandolo fresco e servire caldo.

43. Enchiladas di pesce alla griglia

Ingredienti:
- Filetti di pesce bianco da 1 libbra, come tilapia o merluzzo
- 1 cipolla rossa, affettata
- 1 peperone rosso, affettato
- 1 peperone giallo, affettato
- 1 cucchiaino. peperoncino in polvere
- 1 cucchiaino. cumino in polvere
- Sale e pepe a piacere
- 10-12 tortillas di mais
- 1 lattina (10 once) di salsa enchilada
- 1 tazza di formaggio Monterey jack grattugiato
- Coriandolo fresco, tritato

Istruzioni:

Preriscaldare una griglia o una bistecchiera a fuoco medio-alto.

Condisci i filetti di pesce con peperoncino in polvere, cumino, sale e pepe.

Grigliare il pesce per 5-6 minuti per lato o fino a cottura ultimata.

Togliere il pesce dalla griglia e lasciarlo raffreddare leggermente.

Sminuzzare il pesce in piccoli pezzi.

In una grande ciotola, mescolare insieme il pesce a scaglie, la cipolla rossa affettata, il peperone rosso affettato e il peperone giallo affettato.

Riscalda le tortillas nel microonde o su una piastra fino a renderle morbide e flessibili.

Stendere una piccola quantità di salsa enchilada sul fondo di una teglia da 9x13 pollici.

Adagiare su ogni tortilla una generosa cucchiaiata di composto di pesce e arrotolare bene.

Metti le tortillas arrotolate con la cucitura rivolta verso il basso nella teglia.

Versare la restante salsa enchilada sopra le enchiladas.

Cospargi il formaggio grattugiato sopra le enchiladas.

Cuocere in forno preriscaldato a 170°C per 20-25 minuti, o fino a quando il formaggio sarà fuso e spumoso.

Guarnire con coriandolo fresco e servire caldo.

44. Enchiladas di tonno

Ingredienti:

2 lattine (5 once ciascuna) di tonno in scatola, sgocciolato
1 lattina (4 once) di peperoncini verdi a dadini
1/2 tazza di cipolla rossa tritata
2 continua
spicchi d'aglio, tritati
1 cucchiaino. cumino in polvere
1 cucchiaino. peperoncino in polvere
Sale e pepe a piacere
10-12 tortillas di mais
1 lattina (10 once) di salsa enchilada
1 tazza di formaggio cheddar grattugiato
Coriandolo fresco, tritato

Istruzioni:

Preriscalda il forno a 375 ° F.
In una ciotola capiente, mescola il tonno in scatola, i peperoncini verdi a dadini, la cipolla rossa tritata, l'aglio tritato, il cumino, il peperoncino in polvere e sale e pepe a piacere.
Riscalda le tortillas nel microonde o su una piastra fino a renderle morbide e flessibili.
Stendere una piccola quantità di salsa enchilada sul fondo di una teglia da 9x13 pollici.
Adagiare su ogni tortilla un cucchiaio generoso di composto di tonno e arrotolare bene.
Metti le tortillas arrotolate con la cucitura rivolta verso il basso nella teglia.
Versare la restante salsa enchilada sopra le enchiladas.
Cospargi il formaggio grattugiato sopra le enchiladas.
Cuocere in forno preriscaldato per 20-25 minuti, o fino a quando il formaggio è fuso e spumoso.
Guarnire con coriandolo fresco e servire caldo.

45. Mahi-Mahi Enchiladas

Ingredienti:

Filetti di mahi-mahi da 1 libbra, senza pelle
1 cipolla rossa, a dadini
1 peperone rosso, a dadini
1 peperone verde, a dadini
2 spicchi d'aglio, tritati
1 cucchiaino. cumino in polvere
1 cucchiaino. peperoncino in polvere
Sale e pepe a piacere
10-12 tortillas di mais
1 lattina (10 once) di salsa enchilada rossa
1 tazza di formaggio cheddar grattugiato
Coriandolo fresco, tritato

Istruzioni:
1. Preriscalda il forno a 170°C.
2. Condisci i filetti di mahi-mahi con cumino, peperoncino in polvere, sale e pepe.

Riscalda una padella capiente a fuoco medio-alto e cuoci i filetti di mahi-mahi per 3-4 minuti per lato, o finché non sono cotti. Rimuovi il mahi-mahi dalla padella e mettilo da parte a raffreddare.

Nella stessa padella, soffriggere la cipolla rossa a dadini, il peperone rosso, il peperone verde e l'aglio tritato per 3-4 minuti o finché sono teneri.

Sminuzza il mahi-mahi cotto a pezzetti e aggiungilo alla padella con le verdure.

Riscalda le tortillas nel microonde o su una piastra fino a renderle morbide e flessibili.

Distribuire una piccola quantità di salsa enchilada rossa sul fondo di una teglia da 9x13 pollici.

Metti un cucchiaio generoso di mahi-mahi e miscela di verdure su ogni tortilla e arrotola bene.

Metti le tortillas arrotolate con la cucitura rivolta verso il basso nella teglia.

Versare la restante salsa enchilada rossa sopra le enchiladas.

Cospargi il formaggio grattugiato sopra le enchiladas.

Cuocere in forno preriscaldato per 20-25 minuti, o fino a quando il formaggio è fuso e spumoso.

Guarnire con coriandolo fresco e servire caldo.

ENCHILADA DI VERDURE

46. Enchilada vegetariane

- 1 lattina di fagioli neri, scolati e sciacquati
- 1 lattina di mais, scolata
- 1 cipolla a dadini
- 2 spicchi d'aglio
- 1 lattina di salsa enchilada verde
- 12 tortillas di mais
- Sale e pepe a piacere

Preriscalda il forno a 375 ° F. In una padella, cuocere la cipolla e l'aglio fino a quando non si ammorbidiscono. Aggiungere i fagioli neri e il mais e condire con sale e pepe. In una casseruola, scaldare la salsa enchilada a fuoco medio. Immergi le tortillas nella salsa e mettile in una teglia da 9x13 pollici. Riempi ogni tortilla con il composto di fagioli e mais e arrotolala. Versare la salsa rimanente sulle enchiladas e infornare per 25-30 minuti.

47. Enchiladas di spinaci e funghi

- 2 tazze di spinaci freschi, tritati
- 1 tazza di funghi affettati
- 1 cipolla a dadini
- 2 spicchi d'aglio
- 1 lattina di salsa enchilada rossa
- 12 tortillas di mais
- Sale e pepe a piacere

Preriscalda il forno a 375 ° F. In una padella, cuocere la cipolla e l'aglio fino a quando non si ammorbidiscono. Aggiungere i funghi e gli spinaci e condire con sale e pepe. In una casseruola, scaldare la salsa enchilada a fuoco medio. Immergi le tortillas nella salsa e mettile in una teglia da 9x13 pollici. Riempite ogni tortilla con il composto di spinaci e funghi e arrotolatela. Versare la salsa rimanente sulle enchiladas e infornare per 25-30 minuti.

48. Enchiladas di patate dolci e fagioli neri

Ingredienti:
- 1 patata dolce grande, sbucciata e tagliata a dadini
- 1 cipolla, tritata
- 1 lattina (15 once) di fagioli neri, scolati e sciacquati
- 1 lattina (10 once) di salsa enchilada
- 8-10 tortillas di mais
- 1 tazza di formaggio cheddar grattugiato
- Sale e pepe a piacere

Istruzioni:

Preriscalda il forno a 350 ° F.

In una padella capiente, cuocere la patata dolce e la cipolla a fuoco medio finché sono teneri.

Aggiungi i fagioli neri alla padella e mescola per unire.

Mescolare la salsa enchilada e condire con sale e pepe a piacere.

Distribuire una piccola quantità di composto di patate dolci e fagioli neri su ogni tortilla e arrotolare bene.

Metti le tortillas arrotolate con la cucitura rivolta verso il basso in una teglia da 9x13 pollici.

Versare il restante composto di patate dolci e fagioli neri sulle tortillas e cospargere con formaggio grattugiato.

Cuocere per 20-25 minuti, fino a quando il formaggio è sciolto e frizzante.

49. Enchiladas di verdure arrostite

Ingredienti:

2 peperoni rossi, affettati
2 zucchine gialle, a fette
1 zucchina, affettata
1 cipolla, affettata
2 cucchiai di olio d'oliva
Sale e pepe a piacere
8-10 tortillas di mais
1 lattina (15 once) di fagioli neri, scolati e sciacquati
1 1/2 tazze di formaggio cheddar grattugiato
1 lattina (15 once) di salsa enchilada

Istruzioni:

Preriscalda il forno a 400 ° F.
Mescolare i peperoni a fette, la zucca gialla, le zucchine e la cipolla in olio d'oliva e condire con sale e pepe.
Distribuire le verdure su una teglia e arrostire nel forno preriscaldato per 20-25 minuti o finché sono tenere e leggermente dorate.
Riscalda le tortillas di mais nel microonde o su una piastra fino a renderle morbide e flessibili.
Versare una piccola quantità di salsa enchilada sul fondo di una teglia da 9x13 pollici.
Mettere un cucchiaio di verdure arrostite e fagioli neri su ogni tortilla e arrotolare bene.
Metti le tortillas arrotolate con la cucitura rivolta verso il basso nella teglia.
Versare la restante salsa enchilada sopra le enchiladas.
Cospargi il formaggio cheddar grattugiato sopra le enchiladas.
Cuocere in forno preriscaldato per 20-25 minuti, o fino a quando il formaggio è fuso e spumoso.
Guarnire con coriandolo fresco e servire caldo.

50. Enchiladas di cavolfiore

Ingredienti:

1 testa di cavolfiore, tagliata a cimette piccole
1 cipolla, tritata
2 spicchi d'aglio, tritati
1 lattina (15 once) di fagioli neri, scolati e sciacquati
1 cucchiaino di cumino macinato
1 cucchiaino di peperoncino in polvere
Sale e pepe a piacere
8-10 tortillas di mais
1 1/2 tazze di formaggio cheddar grattugiato
1 lattina (15 once) di salsa enchilada

Istruzioni:

Preriscalda il forno a 350 ° F.
In una padella capiente, soffriggere la cipolla e l'aglio tritati fino a quando non sono fragranti, circa 2-3 minuti.
Aggiungi il cavolfiore tritato nella padella e cuoci fino a quando diventa tenero, circa 10-12 minuti.
Aggiungi i fagioli neri, il cumino, il peperoncino in polvere, il sale e il pepe nella padella e mescola fino a quando non saranno ben amalgamati.
Riscalda le tortillas di mais nel microonde o su una piastra fino a renderle morbide e flessibili.
Versare una piccola quantità di salsa enchilada sul fondo di una teglia da 9x13 pollici.
Mettere un cucchiaio generoso di miscela di cavolfiore e fagioli neri su ogni tortilla e arrotolare bene.
Metti le tortillas arrotolate con la cucitura rivolta verso il basso nella teglia.
Versare la restante salsa enchilada sopra le enchiladas.
Cospargi il formaggio cheddar grattugiato sopra le enchiladas.
Cuocere in forno preriscaldato per 20-25 minuti, o fino a quando il formaggio è fuso e spumoso.
Guarnire con coriandolo fresco e servire caldo.

51. Enchiladas di fagioli neri e mais

Ingredienti:

1 cipolla, tritata
2 spicchi d'aglio, tritati
1 lattina (15 once) di fagioli neri, scolati e sciacquati
1 lattina (15 once) di mais, scolata
1 cucchiaino di cumino macinato
Sale e pepe a piacere
8-10 tortillas di mais
1 1/2 tazze di formaggio cheddar grattugiato
1 lattina (15 once) di salsa enchilada

Istruzioni:
Preriscalda il forno a 350 ° F.
In una padella capiente, soffriggere la cipolla e l'aglio tritati fino a quando non sono fragranti, circa 2-3 minuti.
Aggiungi i fagioli neri, il mais, il cumino, il sale e il pepe nella padella e mescola fino a quando non saranno ben amalgamati.
Riscalda le tortillas di mais nel microonde o su una piastra fino a renderle morbide e flessibili.
Versare una piccola quantità di salsa enchilada sul fondo di una teglia da 9x13 pollici.
Mettere un cucchiaio generoso di miscela di fagioli neri e mais su ogni tortilla e arrotolare bene.
Metti le tortillas arrotolate con la cucitura rivolta verso il basso nella teglia.
Versare la restante salsa enchilada sopra le enchiladas.
Cospargi il formaggio cheddar grattugiato sopra le enchiladas.
Cuocere in forno preriscaldato per 20-25 minuti, o fino a quando il formaggio è fuso e spumoso.
Guarnire con coriandolo fresco e servire caldo.

52. Enchiladas di zucca e spinaci

Ingredienti:

1 zucca butternut, sbucciata e tritata
1 cipolla, tritata
2 spicchi d'aglio, tritati
1 lattina (15 once) di fagioli neri, scolati e sciacquati
1 tazza di spinaci tritati
1 cucchiaino di cumino macinato
Sale e pepe a piacere
8-10 tortillas di mais
1 1/2 tazze di formaggio Monterey Jack grattugiato
1 lattina (15 once) di salsa enchilada

Istruzioni:

Preriscalda il forno a 350 ° F.
In una padella capiente, soffriggere la cipolla e l'aglio tritati fino a quando non sono fragranti, circa 2-3 minuti.
Aggiungi la zucca tritata alla padella e cuoci fino a quando diventa tenera, circa 10-12 minuti.
Aggiungi i fagioli neri, gli spinaci, il cumino, il sale e il pepe nella padella e mescola fino a quando non saranno ben amalgamati.
Riscalda le tortillas di mais nel microonde o su una piastra fino a renderle morbide e flessibili.
Versare una piccola quantità di salsa enchilada sul fondo di una teglia da 9x13 pollici.
Mettere un cucchiaio abbondante di composto di zucca e spinaci su ogni tortilla e arrotolare bene.
Metti le tortillas arrotolate con la cucitura rivolta verso il basso nella teglia.
Versare la restante salsa enchilada sopra le enchiladas.
Cospargi il formaggio Monterey Jack grattugiato sopra le enchiladas.
Cuocere in forno preriscaldato per 20-25 minuti, o fino a quando il formaggio è fuso e spumoso.
Guarnire con coriandolo fresco e servire caldo.

53. Enchiladas di zucchine e mais

Ingredienti:

1 cipolla, tritata
2 spicchi d'aglio, tritati
2 zucchine, tritate
1 lattina (15 once) di mais, scolata
1 cucchiaino di cumino macinato
Sale e pepe a piacere
8-10 tortillas di mais
1 1/2 tazze di formaggio cheddar grattugiato
1 lattina (15 once) di salsa enchilada

Istruzioni:
Preriscalda il forno a 350 ° F.
In una padella capiente, soffriggere la cipolla e l'aglio tritati fino a quando non sono fragranti, circa 2-3 minuti.
Aggiungi le zucchine e il mais tritati nella padella e cuoci finché sono teneri, circa 10-12 minuti.
Aggiungi il cumino, il sale e il pepe nella padella e mescola fino a quando non saranno ben amalgamati.
5. Riscaldare le tortillas di mais nel microonde o su una piastra fino a renderle morbide e flessibili.
Versare una piccola quantità di salsa enchilada sul fondo di una teglia da 9x13 pollici.
Adagiare su ogni tortilla una generosa cucchiaiata di composto di zucchine e mais e arrotolare bene.
Metti le tortillas arrotolate con la cucitura rivolta verso il basso nella teglia.
Versare la restante salsa enchilada sopra le enchiladas.
Cospargi il formaggio cheddar grattugiato sopra le enchiladas.
Cuocere in forno preriscaldato per 20-25 minuti, o fino a quando il formaggio è fuso e spumoso.
Guarnire con coriandolo fresco e servire caldo.

54. Enchiladas ai funghi Portobello

Ingredienti:
- 2 cucchiai di olio d'oliva
- 4 funghi portobello, affettati
- 1 cipolla, tritata
- 2 spicchi d'aglio, tritati
- 1 lattina (15 once) di fagioli neri, scolati e sciacquati
- 1 cucchiaino di cumino macinato
- Sale e pepe a piacere
- 8-10 tortillas di mais
- 1 1/2 tazze di formaggio Monterey Jack grattugiato
- 1 lattina (15 once) di salsa enchilada

Istruzioni:

Preriscalda il forno a 350 ° F.

In una padella capiente, scalda l'olio d'oliva a fuoco medio-alto.

Aggiungi i funghi portobello a fette nella padella e rosolali fino a quando saranno teneri e dorati, circa 5-7 minuti.

Aggiungi la cipolla e l'aglio tritati nella padella e rosola fino a quando non è fragrante, circa 2-3 minuti.

Aggiungi i fagioli neri, il cumino, il sale e il pepe nella padella e mescola fino a quando non saranno ben amalgamati.

Riscalda le tortillas di mais nel microonde o su una piastra fino a renderle morbide e flessibili

Gilbert A

Continua

Versare una piccola quantità di salsa enchilada sul fondo di una teglia da 9x13 pollici.

Mettere un cucchiaio generoso di miscela di funghi e fagioli neri su ogni tortilla e arrotolare bene.

Metti le tortillas arrotolate con la cucitura rivolta verso il basso nella teglia.

Versare la restante salsa enchilada sopra le enchiladas.

Cospargi il formaggio Monterey Jack grattugiato sopra le enchiladas.

Cuocere in forno preriscaldato per 20-25 minuti, o fino a quando il formaggio è fuso e spumoso.

Guarnire con coriandolo fresco e servire caldo.

ENCHILADA VEGANE

55. Enchiladas vegane di fagioli neri e mais

Ingredienti:
1 lattina (15 once) di fagioli neri, scolati e sciacquati
1 lattina (15 once) di mais, scolata
1/2 tazza di salsa
1/2 tazza di cipolla a dadini
1/2 tazza di coriandolo fresco tritato
1 cucchiaino di cumino
1 cucchiaino di peperoncino in polvere
8-10 tortillas di mais
1 tazza di formaggio cheddar grattugiato vegano
Sale e pepe a piacere

Istruzioni:
Preriscalda il forno a 350 ° F.
In una grande ciotola, mescola i fagioli neri, il mais, la salsa, la cipolla, il coriandolo, il cumino e il peperoncino in polvere.
Condite con sale e pepe a piacere.
Distribuire una piccola quantità di composto di fagioli su ogni tortilla e arrotolare bene.
Metti le tortillas arrotolate con la cucitura rivolta verso il basso in una teglia da 9x13 pollici.
Cospargere con formaggio grattugiato vegano e infornare per 20-25 minuti, fino a quando il formaggio si scioglie e diventa spumoso.

56. Enchiladas vegane di ceci

Ingredienti:
- 2 lattine (15 once ciascuna) di ceci, scolati e sciacquati
- 1 cipolla, tritata
- 2 spicchi d'aglio, tritati
- 1 lattina (10 once) di salsa enchilada rossa
- 8-10 tortillas di mais
- 1 tazza di formaggio cheddar grattugiato vegano
- Sale e pepe a piacere

Istruzioni:

Preriscalda il forno a 350 ° F.

In una padella capiente, cuoci la cipolla e l'aglio a fuoco medio finché sono teneri.

Aggiungi i ceci nella padella e mescola per unire.

Mescolare la salsa enchilada rossa e condire con sale e pepe a piacere.

Distribuire una piccola quantità di composto di ceci su ogni tortilla e arrotolare bene.

Metti le tortillas arrotolate con la cucitura rivolta verso il basso in una teglia da 9x13 pollici.

Cospargere con formaggio grattugiato vegano e infornare per 20-25 minuti, fino a quando il formaggio si scioglie e diventa spumoso.

57. Enchiladas di patate dolci vegane

Ingredienti:
2 patate dolci grandi, sbucciate e tagliate a dadini
1 lattina (15 once) di fagioli neri, scolati e sciacquati
1 cipolla, tritata
2 spicchi d'aglio, tritati
1 lattina (10 once) di salsa enchilada verde
8-10 tortillas di mais
1 tazza di formaggio cheddar grattugiato vegano
Sale e pepe a piacere

Istruzioni:
Preriscalda il forno a 350 ° F.
Cuocere a vapore le patate dolci a cubetti finché sono teneri.
In una padella capiente, cuoci la cipolla e l'aglio a fuoco medio finché sono teneri.
Aggiungi i fagioli neri e le patate dolci al vapore nella padella e mescola per unire.
Mescolare la salsa enchilada verde e condire con sale e pepe a piacere.
Distribuire una piccola quantità di composto di patate dolci su ogni tortilla e arrotolare bene.
Metti le tortillas arrotolate con la cucitura rivolta verso il basso in una teglia da 9x13 pollici.
Cospargere con formaggio grattugiato vegano e infornare per 20-25 minuti, fino a quando il formaggio si scioglie e diventa spumoso.

58. Enchiladas vegane di spinaci e tofu

Ingredienti:
1 blocco (14 once) di tofu compatto, scolato e sbriciolato
2 tazze di spinaci freschi, tritati
1 cipolla, tritata
2 spicchi d'aglio, tritati
1 lattina (10 once) di salsa enchilada rossa
8-10 tortillas di mais
1 tazza di formaggio cheddar grattugiato vegano
Sale e pepe a piacere

Istruzioni:
Preriscalda il forno a 350 ° F.
In una padella capiente, cuoci la cipolla e l'aglio a fuoco medio finché sono teneri.
Aggiungi il tofu sbriciolato e gli spinaci tritati nella padella e mescola per unire.
Mescolare la salsa enchilada rossa e condire con sale e pepe a piacere.
Distribuire una piccola quantità di composto di tofu e spinaci su ogni tortilla e arrotolare bene.
Metti le tortillas arrotolate con la cucitura rivolta verso il basso in una teglia da 9x13 pollici.
Cospargere con formaggio grattugiato vegano e infornare per 20-25 minuti, fino a quando il formaggio si scioglie e diventa spumoso.

59. Enchiladas vegane di jackfruit

Ingredienti:
2 lattine (20 once in totale) di jackfruit, scolate e sminuzzate
1 cipolla, tritata
2 spicchi d'aglio, tritati
1 lattina (10 once) di salsa enchilada verde
8-10 tortillas di mais
1 tazza di formaggio cheddar grattugiato vegano
Sale e pepe a piacere

Istruzioni:
Preriscalda il forno a 350 ° F.
In una padella capiente, cuoci la cipolla e l'aglio a fuoco medio finché sono teneri.
Aggiungi il jackfruit tritato alla padella e mescola per unire.
Mescolare la salsa enchilada verde e condire con sale e pepe a piacere.
Distribuire una piccola quantità di composto di jackfruit su ogni tortilla e arrotolare bene.
Metti le tortillas arrotolate con la cucitura rivolta verso il basso in una teglia da 9x13 pollici.
Cospargere con formaggio grattugiato vegano e infornare per 20-25 minuti, fino a quando il formaggio si scioglie e diventa spumoso.

60. Enchiladas di lenticchie vegane

Ingredienti:
1 tazza di lenticchie secche, sciacquate e scolate
1 cipolla, tritata
2 spicchi d'aglio, tritati
1 lattina (10 once) di salsa enchilada rossa
8-10 tortillas di mais
1 tazza di formaggio cheddar grattugiato vegano
Sale e pepe a piacere

Istruzioni:
Preriscalda il forno a 350 ° F.
In una pentola capiente, cuocere le lenticchie secondo le istruzioni sulla confezione finché sono teneri.
In una padella capiente, cuoci la cipolla e l'aglio a fuoco medio finché sono teneri.
Aggiungi le lenticchie cotte nella padella e mescola per unire.
Mescolare la salsa enchilada rossa e condire con sale e pepe a piacere.
Distribuire una piccola quantità di composto di lenticchie su ogni tortilla e arrotolare bene.
Metti le tortillas arrotolate con la cucitura rivolta verso il basso in una teglia da 9x13 pollici.
Cospargere con formaggio grattugiato vegano e infornare per 20-25 minuti, fino a quando il formaggio si scioglie e diventa spumoso.

61. Enchiladas di tempeh vegano

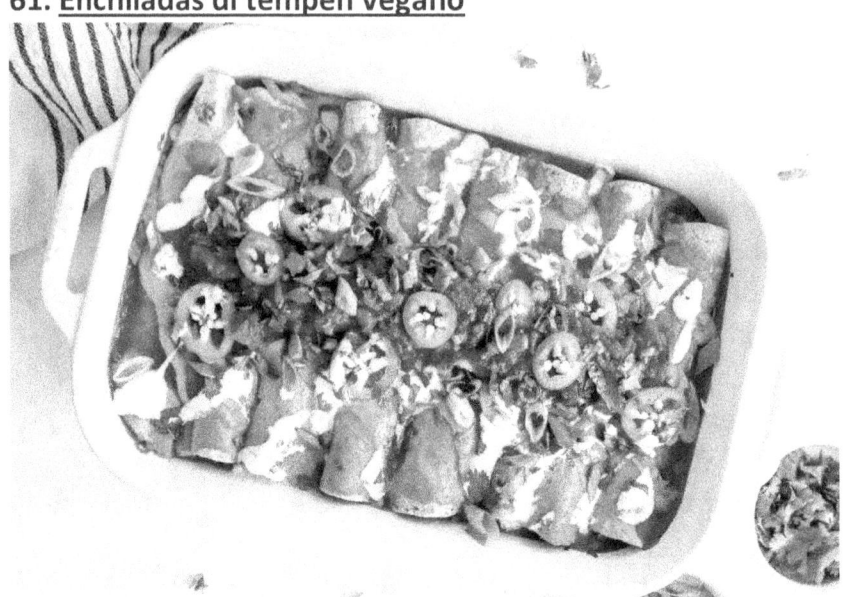

Ingredienti:
1 pacchetto (8 once) tempeh, sbriciolato
1 cipolla, tritata
2 spicchi d'aglio, tritati
1 lattina (10 once) di salsa enchilada rossa
8-10 tortillas di mais
1 tazza di formaggio cheddar grattugiato vegano
Sale e pepe a piacere

Istruzioni:
Preriscalda il forno a 350 ° F.
In una padella capiente, cuoci la cipolla e l'aglio a fuoco medio finché sono teneri.
Aggiungi il tempeh sbriciolato nella padella e mescola per unire.
Mescolare la salsa enchilada rossa e condire con sale e pepe a piacere.
Distribuire una piccola quantità di miscela di tempeh su ogni tortilla e arrotolare bene.
Metti le tortillas arrotolate con la cucitura rivolta verso il basso in una teglia da 9x13 pollici.
Cospargere con formaggio grattugiato vegano e infornare per 20-25 minuti, fino a quando il formaggio si scioglie e diventa spumoso.

62. Enchiladas di patate dolci vegane

Ingredienti:
2 patate dolci, sbucciate e tagliate a dadini
1 cipolla, tritata
2 spicchi d'aglio, tritati
1 lattina (10 once) di salsa enchilada verde
8-10 tortillas di mais
1 tazza di formaggio cheddar grattugiato vegano
Sale e pepe a piacere

Istruzioni:
Preriscalda il forno a 350 ° F.
In una padella capiente, cuoci la cipolla e l'aglio a fuoco medio finché sono teneri.
Aggiungi le patate dolci a dadini nella padella e cuoci finché sono teneri, mescolando di tanto in tanto.
Mescolare la salsa enchilada verde e condire con sale e pepe a piacere.
Distribuire una piccola quantità di composto di patate dolci su ogni tortilla e arrotolare bene.
Metti le tortillas arrotolate con la cucitura rivolta verso il basso in una teglia da 9x13 pollici.
Cospargere con formaggio grattugiato vegano e infornare per 20-25 minuti, fino a quando il formaggio si scioglie e diventa spumoso.

63. Enchiladas di quinoa vegane

Ingredienti:
1 tazza di quinoa, sciacquata e scolata
1 cipolla, tritata
2 spicchi d'aglio, tritati
1 lattina (10 once) di salsa enchilada rossa
8-10 tortillas di mais
1 tazza di formaggio cheddar grattugiato vegano
Sale e pepe a piacere

Istruzioni:
Preriscalda il forno a 350 ° F.
In una pentola capiente, cuocere la quinoa secondo le istruzioni sulla confezione.
In una padella capiente, cuoci la cipolla e l'aglio a fuoco medio finché sono teneri.
Aggiungi la quinoa cotta nella padella e mescola per unire.
Mescolare la salsa enchilada rossa e condire con sale e pepe a piacere.
Distribuire una piccola quantità di composto di quinoa su ogni tortilla e arrotolare bene.
Metti le tortillas arrotolate con la cucitura rivolta verso il basso in una teglia da 9x13 pollici.
Cospargere con formaggio grattugiato vegano e infornare per 20-25 minuti, fino a quando il formaggio si scioglie e diventa spumoso.

ENCHILADA DI FRUTTA

64. Enchiladas di formaggio cremoso alla fragola

Ingredienti:
- 10 tortillas di farina
- 1 confezione (8 once) di crema di formaggio, ammorbidita
- 1/4 tazza di zucchero semolato
- 2 tazze di fragole fresche, a fette
- 1/4 di tazza di burro non salato, fuso
- 1/2 tazza di zucchero semolato
- 1/2 cucchiaino di cannella in polvere
- Panna montata, per servire

Istruzioni:

Preriscalda il forno a 350 ° F.

In una ciotola media, sbatti insieme la crema di formaggio e 1/4 di tazza di zucchero fino a che liscio.

Appoggia una tortilla su una superficie piana e distribuisci al centro circa 1 cucchiaio e 1/2 della miscela di crema di formaggio.

Disporre alcune fette di fragole sopra il composto di crema di formaggio.

Arrotolare bene la tortilla e posizionarla con la cucitura rivolta verso il basso in una teglia da 9x13 pollici.

Ripeti con le restanti tortillas, la miscela di crema di formaggio e le fragole.

In una piccola ciotola, mescola insieme il burro fuso, 1/2 tazza di zucchero e la cannella.

Versare il composto di burro sulle enchiladas.

Cuocere per 20-25 minuti, o fino a quando le enchiladas sono dorate e croccanti. Servire con panna montata.

65. Enchiladas all'ananas

Ingredienti:

10 tortillas di mais
2 tazze di ananas fresco, a dadini
1/4 di tazza di burro non salato, fuso
1/2 tazza di zucchero semolato
1/2 cucchiaino di cannella in polvere
1 tazza di panna
1/2 tazza di latte condensato zuccherato

Istruzioni:

Preriscalda il forno a 350 ° F.
Riscalda le tortillas nel microonde o su una piastra fino a renderle morbide e flessibili.
Mettere al centro di ogni tortilla qualche cucchiaio di ananas tagliato a cubetti e arrotolare bene.
Metti le tortillas arrotolate con la cucitura rivolta verso il basso in una teglia da 9x13 pollici.
In una piccola ciotola, mescola insieme il burro fuso, 1/2 tazza di zucchero e la cannella.
Versare il composto di burro sopra le enchiladas.
Cuocere per 20-25 minuti, o fino a quando le enchiladas sono dorate e croccanti.
In una ciotola media, sbatti insieme la panna e il latte condensato zuccherato fino a formare picchi morbidi.
Servire le enchiladas ben calde con sopra un ciuffo di panna montata.

66. Enchilada di mele

Ingredienti:

10 tortillas di farina
2 tazze di mele sbucciate e tagliate a dadini
1/2 tazza di burro non salato, fuso
1/2 tazza di zucchero semolato
1 cucchiaino di cannella in polvere
1/2 tazza di noci tritate (opzionale)
Gelato alla vaniglia, per servire

Istruzioni:

Preriscalda il forno a 350 ° F.
In una ciotola media, mescola le mele a dadini, 1/4 di tazza di burro fuso, 1/4 di tazza di zucchero e la cannella.
Riscalda le tortillas nel microonde o su una piastra fino a renderle morbide e flessibili.
Versare un po' del composto di mele su ogni tortilla e arrotolare bene.
Metti le tortillas arrotolate con la cucitura rivolta verso il basso in una teglia da 9x13 pollici.
In una piccola ciotola, mescolare insieme il burro fuso rimanente, lo zucchero e le noci tritate (se utilizzate).
Versare il composto di burro sopra le enchiladas.
Cuocere per 20-25 minuti, o fino a quando le enchiladas sono dorate e croccanti.
Servire le enchiladas calde con sopra una pallina di gelato alla vaniglia.

67. Enchiladas ai frutti di bosco

Ingredienti:

10 tortillas di farina
2 tazze di frutti di bosco freschi misti (come fragole, mirtilli e lamponi), tritati
1/4 di tazza di burro non salato, fuso
1/2 tazza di zucchero semolato
1/2 cucchiaino di cannella in polvere
Panna montata, per servire

Istruzioni:

Preriscalda il forno a 350 ° F.
In una ciotola media, mescola insieme le bacche tritate, 1/4 di tazza di zucchero e la cannella.
Riscalda le tortillas nel microonde o su una piastra fino a renderle morbide e flessibili.
Versare un po' del composto di frutti di bosco su ogni tortilla e arrotolare bene.
Metti le tortillas arrotolate con la cucitura rivolta verso il basso in una teglia da 9x13 pollici.
In una piccola ciotola, mescolare insieme il burro fuso e lo zucchero rimanente.
Versare il composto di burro sopra le enchiladas.
Cuocere per 20-25 minuti, o fino a quando le enchiladas sono dorate e croccanti.
Servire le enchiladas calde con panna montata.

68. Enchiladas alla pesca

Ingredienti:

10 tortillas di farina
2 tazze di pesche sbucciate e tagliate a dadini
1/2 tazza di burro non salato, fuso
1/2 tazza di zucchero semolato
1 cucchiaino di cannella in polvere
Gelato alla vaniglia, per servire

Istruzioni:

Preriscalda il forno a 350 ° F.
In una ciotola media, mescola le pesche a dadini, 1/4 di tazza di burro fuso, 1/4 di tazza di zucchero e la cannella.
Riscalda le tortillas nel microonde o su una piastra fino a renderle morbide e flessibili.
Versare un po' del composto di pesche su ogni tortilla e arrotolare bene.
Metti le tortillas arrotolate con la cucitura rivolta verso il basso in una teglia da 9x13 pollici.
In una piccola ciotola, mescolare insieme il burro fuso rimanente e lo zucchero.
Versare il composto di burro sopra le enchiladas.
Cuocere per 20-25 minuti, o fino a quando le enchiladas sono dorate e croccanti.
Servire le enchiladas calde con sopra una pallina di gelato alla vaniglia.

LEGUMI E CEREALI

69. Enchilada di quinoa in casseruola

Fa: 6

INGREDIENTI:
- 1 1/2 tazze di quinoa cruda
- 1 tazza di salsa enchilada
- 2 1/4 tazze di brodo vegetale
- 1 cipolla media, tritata
- 14,5 once di pomodori a cubetti, non scolati
- 15 once di chicchi di mais, scolati e sciacquati
- 15 once possono fagioli neri, scolati e sciacquati
- 1 cucchiaio di peperoncino in polvere
- 1 1/2 cucchiaini di cumino in polvere
- 1/2 cucchiaino di pepe nero macinato
- 3/4 di tazza di peperone verde, tritato
- 3/4 di tazza di peperone rosso, tritato
- 5 spicchi d'aglio, tritati
- 1 1/4 tazze di mozzarella a base vegetale a brandelli
- 1 1/2 cucchiai di succo di lime
- 1/2 cucchiaino di sale marino
- Prezzemolo tritato, polpa di pomodoro, panna acida vegetale

ISTRUZIONI:
a) Usando la pentola a cottura lenta, unisci tutti gli ingredienti tranne il formaggio e il lime con il brodo vegetale. Mescolare un paio di volte per unire bene.
b) Impostare l'impostazione della pentola a cottura lenta su alta per 2-2 ore e mezza.
c) Apri la pentola a cottura lenta e aggiungi il succo di lime e 12 fette di formaggio.
d) Mescolare il composto, quindi lisciarlo di nuovo piatto. Cospargere con il formaggio rimanente, quindi rimettere il coperchio e cuocere per 10 minuti.
e) Servi con i tuoi condimenti preferiti: avocado, cipolle verdi tritate, prezzemolo, panna acida e pomodoro.

70. Enchiladas di patate dolci e fagioli neri

2 patate dolci medie, sbucciate e tagliate a dadini
1 lattina di fagioli neri, scolati e sciacquati
1 cipolla a dadini
2 spicchi d'aglio
1 lattina di salsa enchilada verde
12 tortillas di mais
Sale e pepe a piacere

Preriscalda il forno a 375 ° F. In una padella, cuocere la cipolla e l'aglio fino a quando non si ammorbidiscono. Aggiungere le patate dolci e i fagioli neri e condire con sale e pepe. In una casseruola, scaldare la salsa enchilada a fuoco medio. Immergi le tortillas nella salsa e mettile in una teglia da 9x13 pollici. Farcite ogni tortilla con il composto di patate dolci e fagioli neri e arrotolatela. Versare la salsa rimanente sulle enchiladas e infornare per 25-30 minuti.

71. Enchiladas di fagioli neri

Ingredienti:
- 1 lattina (15 once) di fagioli neri, scolati e sciacquati
- 1 cipolla, tritata
- 2 spicchi d'aglio, tritati
- 1 lattina (10 once) di salsa enchilada
- 8-10 tortillas di mais
- 1 tazza di formaggio cheddar grattugiato
- Sale e pepe a piacere

Istruzioni:

Preriscalda il forno a 350 ° F.

In una padella capiente, cuoci la cipolla e l'aglio a fuoco medio finché sono teneri.

Aggiungi i fagioli neri alla padella e mescola per unire.

Mescolare la salsa enchilada e condire con sale e pepe a piacere.

Distribuire una piccola quantità di composto di fagioli neri su ogni tortilla e arrotolare bene.

Metti le tortillas arrotolate con la cucitura rivolta verso il basso in una teglia da 9x13 pollici.

Versare il restante composto di fagioli neri sulle tortillas e cospargere con formaggio grattugiato.

Cuocere per 20-25 minuti, fino a quando il formaggio è sciolto e frizzante

72. Enchiladas di fagioli misti

Ingredienti:

10 tortillas di mais
1 lattina (15 once) di fagioli neri, scolati e sciacquati
1 lattina (15 once) di fagioli, scolati e sciacquati
1 lattina (15 once) di fagioli borlotti, scolati e sciacquati
1 lattina (4 once) di peperoncini verdi a dadini
1/2 tazza di cipolla tritata
1/2 tazza di peperone verde tritato
2 spicchi d'aglio, tritati
1 cucchiaino di cumino macinato
1 cucchiaino di peperoncino in polvere
2 tazze di salsa enchilada
1 tazza di formaggio cheddar grattugiato
1/4 di tazza di coriandolo fresco tritato

Istruzioni:

Preriscalda il forno a 375 ° F.
In una grande ciotola, mescola i fagioli neri, i fagioli, i fagioli borlotti, i peperoncini verdi, la cipolla, il peperone, l'aglio, il cumino e il peperoncino in polvere.
Riscalda le tortillas nel microonde o su una piastra fino a renderle morbide e flessibili.
Versare un po' del composto di fagioli su ogni tortilla e arrotolare bene.
Metti le tortillas arrotolate con la cucitura rivolta verso il basso in una teglia da 9x13 pollici.
Versare la salsa enchilada sopra le enchiladas.
Cospargi il formaggio grattugiato sopra le enchiladas.
Cuocere per 20-25 minuti, o fino a quando le enchiladas sono dorate e il formaggio si è sciolto.
Cospargi il coriandolo tritato sopra le enchiladas prima di servire.

SALSE

73. Salsa Enchilada rossa facile

Rende: 7

INGREDIENTI:
- Cipolla e Aglio
- 1 tazza di cipolla bianca, tritata
- 4 spicchi d'aglio, sbucciati e schiacciati
- 3 cucchiai di brodo vegetale
- Peperoni
- 2 peperoncini Arbol essiccati, privati del gambo
- 7 peperoncini secchi delicati
- 1 tazza di acqua
- 2 tazze di brodo vegetale
- Spezie
- 1/4 di tazza di concentrato di pomodoro
- 1 cucchiaino di paprika affumicata macinata
- 1 cucchiaino di cumino macinato
- 1 cucchiaino di origano essiccato
- 1/2 cucchiaino di sale marino

ISTRUZIONI:

a) In una padella cerchiata a fuoco medio, aggiungere il brodo vegetale.

b) Soffriggere la cipolla e l'aglio per 4-5 minuti. Cuocere fino a quando leggermente dorato e tenero.

c) Cuocere per 2 minuti con i peperoncini essiccati. Quindi versare il brodo vegetale e l'acqua.

d) Portare l'acqua a ebollizione, quindi abbassare la fiamma e coprire. Lasciare sobbollire per 15 minuti.

e) Unisci il concentrato di pomodoro, il cumino, la paprika, il sale e l'origano in una terrina (facoltativo). Cuocere per almeno 5 minuti, mescolando di tanto in tanto o fino a quando i peperoni sono teneri.

f) Frullare fino a ottenere un composto cremoso e omogeneo con un frullatore ad alta velocità. Assaggiate e regolate il sapore a piacere. Servi subito.

74. Salsa Enchilada Rossa

- 2 cucchiai di olio vegetale
- 2 cucchiai di farina per tutti gli usi
- 4 cucchiai di peperoncino in polvere
- 1/2 cucchiaino di aglio in polvere
- 1/2 cucchiaino di cipolla in polvere
- 1/2 cucchiaino di cumino macinato
- 2 tazze di brodo di pollo o vegetale
- Sale a piacere

Scaldare l'olio in una casseruola a fuoco medio. Aggiungere la farina e mescolare per 1 minuto. Aggiungi peperoncino in polvere, aglio in polvere, cipolla in polvere e cumino. Mescolare fino a quando combinato. Aggiungere gradualmente il brodo continuando a mescolare. Portare a ebollizione e ridurre il fuoco al minimo. Cuocere a fuoco lento per 10-15 minuti, mescolando di tanto in tanto. Condire con sale a piacere.

75. Salsa Enchilada Verde

Tomatillos da 1 libbra, sbucciati e sciacquati
2 jalapenos, senza semi e tritati
1 cipolla, tritata
3 spicchi d'aglio, tritati
1/2 tazza di coriandolo fresco, tritato
1 cucchiaio di succo di lime
Sale a piacere

Metti i tomatillos, i jalapenos, la cipolla e l'aglio in un frullatore o in un robot da cucina. Frullare fino a che liscio. Trasferire in una casseruola e portare a ebollizione a fuoco medio. Cuocere per 10-15 minuti, mescolando di tanto in tanto. Mescolare il coriandolo e il succo di lime. Condire con sale a piacere.

76. Salsa Enchilada Ancho Chili

- 2 peperoncini ancho, privati del gambo e dei semi
- 1 cipolla, tritata
- 3 spicchi d'aglio, tritati
- 1 cucchiaino di cumino
- 1 cucchiaino di origano essiccato
- 1 cucchiaio di olio vegetale
- 2 tazze di brodo di pollo o vegetale
- Sale a piacere

Tostare i peperoncini ancho in una padella asciutta a fuoco medio fino a quando non sono fragranti, circa 1 minuto. Aggiungi cipolla, aglio, cumino e origano. Cuocere fino a quando la cipolla è morbida, circa 5 minuti. Trasferire la miscela in un frullatore o in un robot da cucina. Aggiungere il brodo e frullare fino a che liscio. Scaldare l'olio in una casseruola a fuoco medio. Aggiungere la miscela di peperoncino e portare a ebollizione. Cuocere per 10-15 minuti, mescolando di tanto in tanto. Condire con sale a piacere.

77. Salsa Enchilada Di Pomodoro Arrosto

6 pomodorini roma, dimezzati
1 cipolla, tritata
3 spicchi d'aglio, tritati
2 cucchiai di olio vegetale
2 cucchiaini di peperoncino in polvere
1/2 cucchiaino di cumino
2 tazze di brodo di pollo o vegetale
Sale a piacere

Preriscalda il forno a 400 ° F. Disporre i pomodori su una teglia, con il lato tagliato rivolto verso l'alto. Arrostire per 20-25 minuti, fino a quando i pomodori sono teneri e leggermente dorati. Scaldare l'olio in una casseruola a fuoco medio. Aggiungere la cipolla e l'aglio e cuocere fino a quando la cipolla è morbida, circa 5 minuti. Aggiungere il peperoncino in polvere e il cumino e cuocere per 1 minuto. Aggiungere i pomodori arrostiti e il brodo. Portare a ebollizione, abbassare la fiamma al minimo e cuocere a fuoco lento per 10-15 minuti. Condire con sale a piacere.

78. Salsa Chipotle Enchilada

- 2 cucchiai di olio vegetale
- 2 cucchiai di farina per tutti gli usi
- 2 cucchiai di peperoncino chipotle in polvere
- 1/2 cucchiaino di aglio in polvere
- 1/2 cucchiaino di cipolla in polvere
- 1/2 cucchiaino di cumino
- 2 tazze di brodo di pollo o vegetale
- Sale a piacere

Scaldare l'olio in una casseruola a fuoco medio. Aggiungere la farina e mescolare per 1 minuto. Aggiungere il peperoncino chipotle in polvere, l'aglio in polvere, la cipolla in polvere e il cumino. Mescolare fino a quando combinato. Aggiungere gradualmente il brodo continuando a mescolare. Portare a ebollizione e ridurre il fuoco al minimo. Cuocere a fuoco lento per 10-15 minuti, mescolando di tanto in tanto. Condire con sale a piacere.

79. Salsa cremosa Enchilada

2 cucchiai di burro
2 cucchiai di farina per tutti gli usi
2 tazze di brodo di pollo o vegetale
1 tazza di panna
1 cucchiaino di peperoncino in polvere
1/2 cucchiaino di cumino
Sale a piacere

Sciogliere il burro in una casseruola a fuoco medio. Aggiungere la farina e mescolare per 1 minuto. Aggiungere gradualmente il brodo continuando a mescolare. Portare a ebollizione e ridurre il fuoco al minimo. Cuocere a fuoco lento per 10-15 minuti, mescolando di tanto in tanto. Mescolare la panna, il peperoncino in polvere e il cumino. Cuocere per 5 minuti, mescolando continuamente. Condire con sale a piacere.

80. Salsa Enchilada Affumicata

1 cucchiaio di olio vegetale
1 cipolla, tritata
2 spicchi d'aglio, tritati
2 cucchiai di peperoncino in polvere
1 cucchiaino di paprika affumicata
1/2 cucchiaino di cumino
2 tazze di brodo di pollo o vegetale
Sale a piacere

Scaldare l'olio in una casseruola a fuoco medio. Aggiungere la cipolla e l'aglio e cuocere fino a quando la cipolla è morbida, circa 5 minuti. Aggiungi peperoncino in polvere, paprika affumicata e cumino. Cuocere per 1 minuto. Aggiungere gradualmente il brodo continuando a mescolare. Portare a ebollizione e ridurre il fuoco al minimo. Cuocere a fuoco lento per 10-15 minuti, mescolando di tanto in tanto. Condire con sale a piacere.

81. Salsa Enchilada Mole

1/2 tazza di olio vegetale
2 peperoncini ancho, privati del gambo e dei semi
2 peperoncini pasilla, privati del gambo e dei semi
1 cipolla, tritata
3 spicchi d'aglio, tritati
2 cucchiai di cacao in polvere
1 cucchiaino di cannella
1/2 cucchiaino di cumino
2 tazze di brodo di pollo o vegetale
Sale a piacere

Scaldare l'olio in una padella a fuoco medio. Aggiungere i peperoncini e cuocere fino a quando leggermente carbonizzati, circa 1 minuto per lato. Rimuovi i peperoni dalla padella e lasciali raffreddare. Aggiungi la cipolla e l'aglio alla padella e cuoci fino a quando la cipolla è morbida, circa 5 minuti. Trasferire la miscela in un frullatore o in un robot da cucina. Aggiungere il cacao in polvere, la cannella e il cumino. Aggiungere i peperoni raffreddati e 1 tazza di brodo. Frullare fino a che liscio. Scaldare il brodo rimanente in una casseruola a fuoco medio. Aggiungere il composto frullato e cuocere a fuoco lento per 10-15 minuti, mescolando di tanto in tanto. Condire con sale a piacere.

82. Salsa Enchilada Ranchero

- 1 cucchiaio di olio vegetale
- 1 cipolla, tritata
- 2 spicchi d'aglio, tritati
- 2 cucchiaini di peperoncino in polvere
- 1/2 cucchiaino di cumino
- 1 lattina (14 once) di pomodori a dadini
- 1 lattina (8 once) di salsa di pomodoro
- Sale a piacere

Scaldare l'olio in una casseruola a fuoco medio. Aggiungere la cipolla e l'aglio e cuocere fino a quando la cipolla è morbida, circa 5 minuti. Aggiungere il peperoncino in polvere e il cumino. Cuocere per 1 minuto. Aggiungere i pomodori a cubetti e la salsa di pomodoro. Portare a ebollizione, abbassare la fiamma al minimo e cuocere a fuoco lento per 10-15 minuti, mescolando di tanto in tanto. Condire con sale a piacere.

83. Salsa Enchilada Bianca

- 2 cucchiai di burro
- 2 cucchiai di farina per tutti gli usi
- 2 tazze di brodo di pollo o vegetale
- 1 tazza di panna acida
- 1 lattina (4 once) di peperoncini verdi tritati
- Sale a piacere

Sciogliere il burro in una casseruola a fuoco medio. Aggiungere la farina e mescolare per 1 minuto. Aggiungere gradualmente il brodo continuando a mescolare. Portare a ebollizione e ridurre il fuoco al minimo. Cuocere a fuoco lento per 10-15 minuti, mescolando di tanto in tanto. Mescolare la panna acida e i peperoncini verdi. Cuocere per 5 minuti, mescolando continuamente. Condire con sale a piacere.

84. Salsa Enchilada Chipotle Al Whisky

2 cucchiai di olio vegetale
1 cipolla, tritata
3 spicchi d'aglio, tritati
2 cucchiai di salsa adobo
1 cucchiaino di peperoncino in polvere
1/2 cucchiaino di cumino
2 tazze di brodo di pollo o vegetale
Sale a piacere
2 cucchiai di whisky

Scaldare l'olio in una casseruola a fuoco medio. Aggiungere la cipolla e l'aglio e cuocere fino a quando la cipolla è morbida, circa 5 minuti. Aggiungi salsa adobo, whisky, peperoncino in polvere e cumino. Cuocere per 1 minuto. Aggiungere gradualmente il brodo continuando a mescolare. Portare a ebollizione e ridurre il fuoco al minimo. Cuocere a fuoco lento per 10-15 minuti, mescolando di tanto in tanto. Condire con sale a piacere.

85. Salsa di anacardi vegana

Fa: 6 Porzioni

INGREDIENTI:
- 1,5 tazze di anacardi ammollati e ammollati durante la notte
- ¾ tazza d'acqua
- ½ tazza di lievito alimentare
- 1 cucchiaio di senape o senape di Digione
- 3 cucchiai di succo di limone
- 1 cucchiaino di paprika affumicata
- ½ cucchiaio di curcuma
- 1 cucchiaio di aglio in polvere
- 1 cucchiaino Sale
- 3 spicchi d'aglio, sbucciati

ISTRUZIONI

a) Scolare gli anacardi quindi aggiungere tutti gli ingredienti in un frullatore.

b) Frullare in alto fino a ottenere un composto cremoso e liscio.

86. Salsa Di Pomodoro Fresco

Fa: 2 tazze

INGREDIENTI:
- 5 pomodori Roma o datterini maturi, tritati
- 1 peperoncino serrano, senza semi e tritato
- ¼ tazza di cipolla rossa tritata
- 1 spicchio d'aglio, tritato
- 1 cucchiaio di coriandolo fresco tritato
- 1 cucchiaio di succo di lime fresco
- ½ cucchiaino di sale

ISTRUZIONI

a) In una ciotola di vetro unire tutti gli ingredienti e mescolare bene.

b) Coprire e mettere da parte per 30 minuti prima di servire. Se non si utilizza subito, coprire e conservare in frigorifero fino al momento dell'uso.

c) Questa salsa ha un sapore migliore se usata lo stesso giorno in cui è stata preparata, ma conservata correttamente, si conserva fino a 2 giorni.

87. Salsa piccante di mango e peperoncino

Rende: 2½ tazze

INGREDIENTI:
- 1 mango maturo, sbucciato, snocciolato e tagliato a dadini da ¼ di pollice
- 1/3 tazza di cipolla rossa tritata
- 1 peperone rosso piccolo, tritato
- 1 jalapeño piccolo, senza semi e tritato
- 2 cucchiai di prezzemolo fresco tritato o coriandolo
- 1 cucchiaio di succo di lime fresco
- Sale

ISTRUZIONI

a) In una ciotola di vetro, unire tutti gli ingredienti, mescolare bene, coprire e mettere da parte per 30 minuti prima di servire. Se non si utilizza subito, conservare in frigorifero fino al momento dell'uso.

b) Questa salsa ha un sapore migliore se usata lo stesso giorno in cui è stata preparata, ma conservata correttamente, si conserva fino a 2 giorni.

88. Salsa di pomodoro e chipotle

Fa: 2 tazze

INGREDIENTI:
- 2 pomodori maturi, tritati
- 1⁄3 tazza di cipolla rossa tritata
- 1 chipotle in scatola in adobo
- ¼ tazza di coriandolo fresco tritato
- 2 cucchiai di succo di lime fresco
- ¼ di cucchiaino di sale

ISTRUZIONI
a) In una ciotola di vetro unire tutti gli ingredienti.
b) Refrigerare fino al momento dell'uso.
c) Conservato correttamente, si conserva fino a 2 giorni.

89. Salsa di ananas e papaya

Fa: 3 tazze

INGREDIENTI:
- 2 tazze di ananas fresco tritato
- 1 papaya matura, sbucciata, senza semi e tagliata a dadini da ¼ di pollice
- ½ tazza di cipolla rossa tritata
- ¼ tazza di coriandolo fresco tritato o prezzemolo
- 2 cucchiai di succo di lime fresco
- 1 cucchiaino di aceto di sidro
- 2 cucchiaini di zucchero
- ¼ di cucchiaino di sale
- 1 piccolo peperoncino rosso piccante, senza semi e tritato

ISTRUZIONI

a) In una ciotola di vetro, unire tutti gli ingredienti, mescolare bene, coprire e mettere da parte a temperatura ambiente per 30 minuti prima di servire o conservare in frigorifero fino al momento dell'uso.

b) Questa salsa ha un sapore migliore se usata lo stesso giorno in cui è stata preparata, ma conservata correttamente, si conserva fino a 2 giorni.

90. Salsa Tomatillo

Rende: 1½ tazze

INGREDIENTI:
- 5 tomatillos, sbucciati e tritati
- 1/3 tazza di cipolla gialla dolce tritata
- 1/3 tazza di coriandolo fresco tritato
- 1 jalapeño piccolo, senza semi e tritato
- 1 cucchiaio di succo di lime fresco
- 1 cucchiaio di capperi interi, più 1 cucchiaino tritato
- ½ cucchiaino di sale

ISTRUZIONI

a) In una ciotola di vetro, unire tutti gli ingredienti e mescolare bene.
b) Mettere da parte per 30 minuti prima di servire.
c) Conservato correttamente, si manterrà in frigorifero per un massimo di 2 giorni.

91. salsa verde

Rende: 1¼ tazze

INGREDIENTI:
- 4 o 5 tomatillos mondati e tritati grossolanamente
- 1 scalogno medio, tritato grossolanamente
- 1 spicchio d'aglio, tritato
- 1 peperoncino serrano, senza semi e tritato
- 1¼ tazza di foglie di coriandolo fresco
- 1 cucchiaio di succo di lime fresco
- Pizzicare lo zucchero
- ½ cucchiaino di sale
- 1/8 cucchiaino di pepe nero appena macinato

ISTRUZIONI

a) In un robot da cucina, unire i tomatillos, lo scalogno, l'aglio, il peperoncino (se utilizzato), il prezzemolo e il coriandolo e frullare fino a tritarli finemente.

b) Aggiungi gli ingredienti rimanenti e pulsa fino a quando non saranno ben miscelati, ma ancora grossolanamente strutturati.

c) Trasferire in una ciotola di vetro, coprire e mettere da parte a temperatura ambiente per 30 minuti prima di servire o conservare in frigorifero fino al momento dell'uso.

d) Conservato correttamente, si conserva fino a 2 giorni.

92. Salsa Rossa Arrostita

Fa: 2 tazze

INGREDIENTI:
- 15 once di pomodori arrostiti a dadini, scolati
- 1 spicchio d'aglio, tritato grossolanamente
- ½ tazza di cipolla bianca, tritata grossolanamente
- ¼ tazza di foglie di coriandolo fresco
- ½ jalapeño medio, tritato grossolanamente
- 1 cucchiaio di succo di lime
- ½ cucchiaino di sale marino fino

ISTRUZIONI:
a) In un robot da cucina, frullare l'aglio per tritarlo più finemente.
b) Aggiungi i pomodori e tutto il succo rimanente dalla lattina.
c) Aggiungere la cipolla, il coriandolo, il jalapeño, il succo di lime e il sale.
d) Lavorare il composto fino a quando non è per lo più liscio e non rimangono grossi pezzi di pomodoro o cipolla, raschiando i lati se necessario.
e) Servi subito la salsa o conservala per dopo.

93. Salsa Tomatillo Enchilada

1 cucchiaio di olio vegetale
1 cipolla, tritata
3 spicchi d'aglio, tritati
Tomatillos da 1 libbra, sbucciati e tritati
1 peperoncino jalapeño, privato dei semi e tritato
2 tazze di brodo di pollo o vegetale
1/4 di tazza di coriandolo tritato
Sale a piacere

Scaldare l'olio in una casseruola a fuoco medio. Aggiungere la cipolla e l'aglio e cuocere fino a quando la cipolla è morbida, circa 5 minuti. Aggiungi tomatillos e jalapeño. Cuocere per 5 minuti. Aggiungere gradualmente il brodo continuando a mescolare. Portare a ebollizione e ridurre il fuoco al minimo. Cuocere a fuoco lento per 10-15 minuti, mescolando di tanto in tanto. Aggiungi coriandolo e purea in un frullatore o robot da cucina. Condire con sale a piacere.

94. Salsa Enchilada Pasilla

2 peperoncini pasilla, privati del gambo e dei semi
1 cipolla, tritata
3 spicchi d'aglio, tritati
1 cucchiaio di olio vegetale
1 cucchiaino di origano
2 tazze di brodo di pollo o vegetale
Sale a piacere

Tostare i peperoni di pasilla in una padella asciutta a fuoco medio fino a quando leggermente carbonizzati, circa 1 minuto per lato. Togliere dalla padella e lasciare raffreddare. Aggiungere i peperoni a un frullatore o robot da cucina e purea. Scaldare l'olio in una casseruola a fuoco medio. Aggiungere la cipolla e l'aglio e cuocere fino a quando la cipolla è morbida, circa 5 minuti. Aggiungere l'origano e cuocere per 1 minuto. Aggiungere gradualmente il brodo continuando a mescolare. Portare a ebollizione e ridurre il fuoco al minimo. Cuocere a fuoco lento per 10-15 minuti, mescolando di tanto in tanto. Aggiungere la purea di peperoni pasilla e condire con sale a piacere.

95. Salsa Enchilada ai Tre Peperoni

1 peperone rosso, tritato
1 peperone verde, tritato
1 peperoncino jalapeño, privato dei semi e tritato
1 cipolla, tritata
3 spicchi d'aglio, tritati
1 cucchiaino di peperoncino in polvere
1/2 cucchiaino di cumino
2 tazze di brodo di pollo o vegetale
Sale a piacere

Scaldare l'olio in una casseruola a fuoco medio. Aggiungere i peperoni, il jalapeño, la cipolla e l'aglio e cuocere fino a quando le verdure sono morbide, circa 5 minuti. Aggiungere il peperoncino in polvere e il cumino. Cuocere per 1 minuto. Aggiungere gradualmente il brodo continuando a mescolare. Portare a ebollizione e ridurre il fuoco al minimo. Cuocere a fuoco lento per 10-15 minuti, mescolando di tanto in tanto. Purea in un frullatore o robot da cucina. Condire con sale a piacere.

96. Salsa Ancho Enchilada

2 peperoncini ancho essiccati, privati del gambo e dei semi
1 cipolla, tritata
3 spicchi d'aglio, tritati
1 cucchiaio di olio vegetale
1 cucchiaino di origano
2 tazze di brodo di pollo o vegetale
Sale a piacere

Tostare i peperoni ancho in una padella asciutta a fuoco medio fino a quando leggermente carbonizzati, circa 1 minuto per lato. Togliere dalla padella e lasciare raffreddare. Aggiungere i peperoni a un frullatore o robot da cucina e purea. Scaldare l'olio in una casseruola a fuoco medio. Aggiungere la cipolla e l'aglio e cuocere fino a quando la cipolla è morbida, circa 5 minuti. Aggiungere l'origano e cuocere per 1 minuto. Aggiungere gradualmente il brodo continuando a mescolare. Portare a ebollizione e ridurre il fuoco al minimo. Cuocere a fuoco lento per 10-15 minuti, mescolando di tanto in tanto. Aggiungere i peperoni ancho passati e condire con sale a piacere.

97. Salsa Guajillo Enchilada

2 peperoncini guajillo essiccati, privati del gambo e dei semi
1 cipolla, tritata
3 spicchi d'aglio, tritati
1 cucchiaio di olio vegetale
1 cucchiaino di cumino
2 tazze di brodo di pollo o vegetale
Sale a piacere

Tostare i peperoni guajillo in una padella asciutta a fuoco medio fino a quando leggermente carbonizzati, circa 1 minuto per lato. Togliere dalla padella e lasciare raffreddare. Aggiungere i peperoni a un frullatore o robot da cucina e purea. Scaldare l'olio in una casseruola a fuoco medio. Aggiungere la cipolla e l'aglio e cuocere fino a quando la cipolla è morbida, circa 5 minuti. Aggiungere il cumino e cuocere per 1 minuto. Aggiungere gradualmente il brodo continuando a mescolare. Portare a ebollizione e ridurre il fuoco al minimo. Cuocere a fuoco lento per 10-15 minuti, mescolando di tanto in tanto. Aggiungere la purea di peperoni guajillo e condire con sale a piacere.

98. Salsa Enchilada Mole

2 peperoncini ancho essiccati, privati del gambo e dei semi
2 peperoncini pasilla essiccati, privati del gambo e dei semi
1 cipolla, tritata
3 spicchi d'aglio, tritati
1 cucchiaio di olio vegetale
1/4 di tazza di uvetta
1/4 di tazza di mandorle, tritate
1/4 di tazza di semi di sesamo
1/4 di cucchiaino di cannella
1/4 cucchiaino di chiodi di garofano
1/4 di cucchiaino di pimento
2 tazze di brodo di pollo o vegetale
Sale a piacere

Tostare i peperoni ancho e pasilla in una padella asciutta a fuoco medio fino a quando leggermente carbonizzati, circa 1 minuto per lato. Togliere dalla padella e lasciare raffreddare. Aggiungere i peperoni a un frullatore o robot da cucina e purea. Scaldare l'olio in una casseruola a fuoco medio. Aggiungere la cipolla e l'aglio e cuocere fino a quando la cipolla è morbida, circa 5 minuti. Aggiungi uvetta, mandorle, semi di sesamo, cannella, chiodi di garofano e pimento. Cuocere per 1 minuto. Aggiungere gradualmente il brodo continuando a mescolare. Portare a ebollizione e ridurre il fuoco al minimo.

Cuocere a fuoco lento per 10-15 minuti, mescolando di tanto in tanto. Aggiungere la miscela di peperoni frullati e condire con sale a piacere.

99. Salsa Verde Enchilada

Tomatillos da 2 libbre, bucce rimosse
1 cipolla, tritata
3 spicchi d'aglio, tritati
1 peperoncino jalapeño, privato dei semi e tritato
1/4 di tazza di coriandolo tritato
2 tazze di brodo di pollo o vegetale
Sale a piacere

Metti i tomatillos in una pentola capiente e copri con acqua. Portare a ebollizione a fuoco alto. Ridurre il fuoco al minimo e cuocere a fuoco lento per 10-15 minuti, fino a quando i tomatillos sono teneri. Scolare e lasciare raffreddare. Aggiungi i tomatillos a un frullatore o robot da cucina e frulla. Scaldare l'olio in una casseruola a fuoco medio. Aggiungi cipolla, aglio e jalapeño e cuoci fino a quando la cipolla è morbida, circa 5 minuti. Aggiungere il coriandolo e cuocere per 1 minuto. Aggiungere gradualmente il brodo continuando a mescolare. Portare a ebollizione e ridurre il fuoco al minimo. Cuocere a fuoco lento per 10-15 minuti, mescolando di tanto in tanto. Aggiungere i tomatillos passati e condire con sale a piacere.

100. Salsa Enchilada Cile Verde

2 lattine (4 once ciascuna) peperoncini verdi a dadini
1 cipolla, tritata
3 spicchi d'aglio, tritati
1 cucchiaino di cumino
2 tazze di brodo di pollo o vegetale
Sale a piacere

Scaldare l'olio in una casseruola a fuoco medio. Aggiungere la cipolla e l'aglio e cuocere fino a quando la cipolla è morbida, circa 5 minuti. Aggiungere il cumino e cuocere per 1 minuto. Aggiungere gradualmente il brodo continuando a mescolare. Portare a ebollizione e ridurre il fuoco al minimo. Cuocere a fuoco lento per 10-15 minuti, mescolando di tanto in tanto. Aggiungere i peperoncini verdi a dadini e condire con sale a piacere.

CONCLUSIONE

Le enchiladas sono un piatto classico e saporito apprezzato da molte persone in tutto il mondo. Con le loro infinite possibilità di ripieni, salse e condimenti, possono essere personalizzati per soddisfare qualsiasi preferenza di gusto. Che tu preferisca un ripieno a base di carne o un'opzione vegetariana, c'è una ricetta di enchilada per tutti i gusti. Quindi la prossima volta che sei dell'umore giusto per un pasto abbondante e soddisfacente, considera di preparare delle deliziose enchiladas e lascia che le tue papille gustative siano deliziate.

www.ingramcontent.com/pod-product-compliance
Lightning Source LLC
LaVergne TN
LVHW021709060526
838200LV00050B/2570